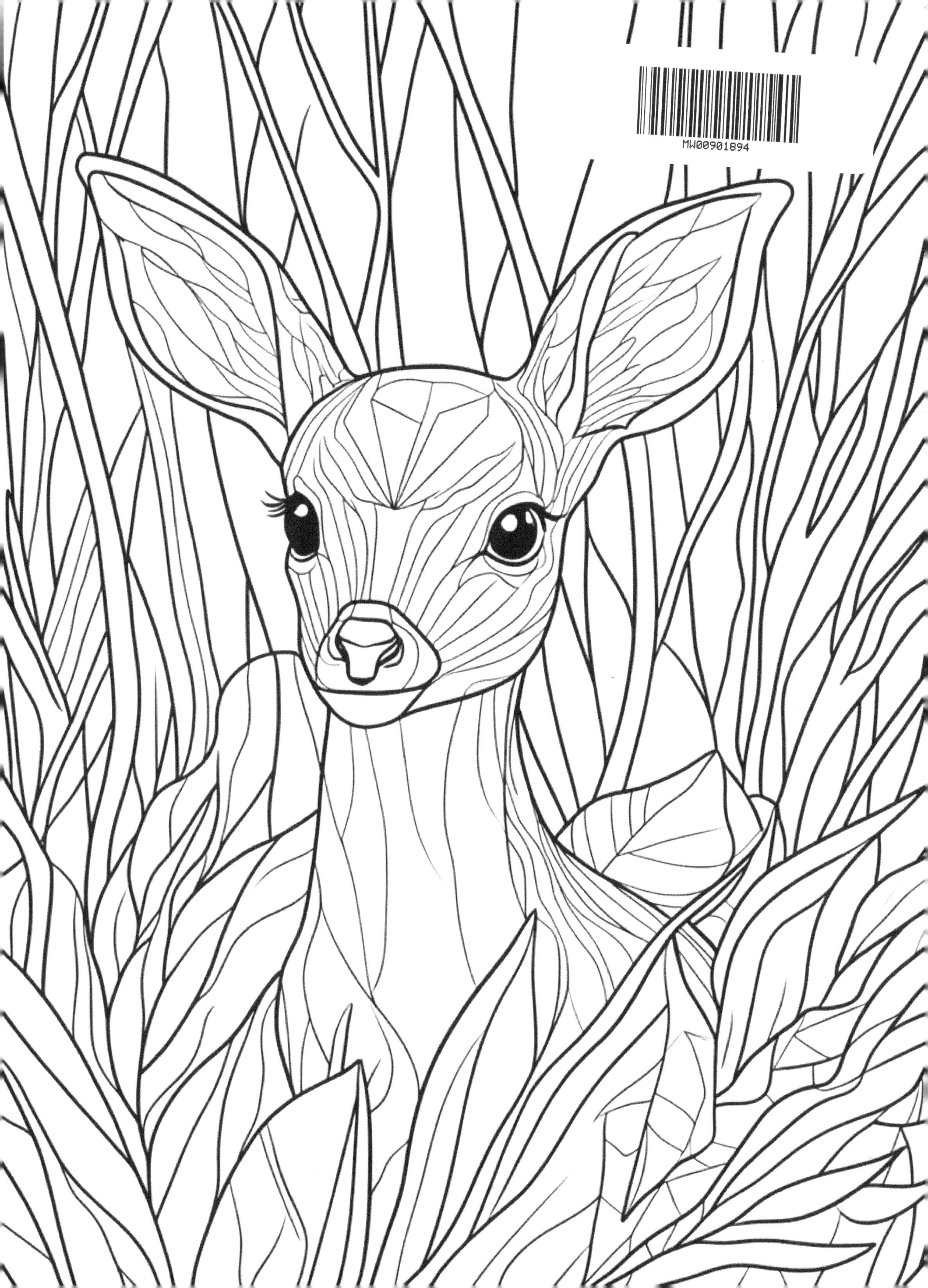

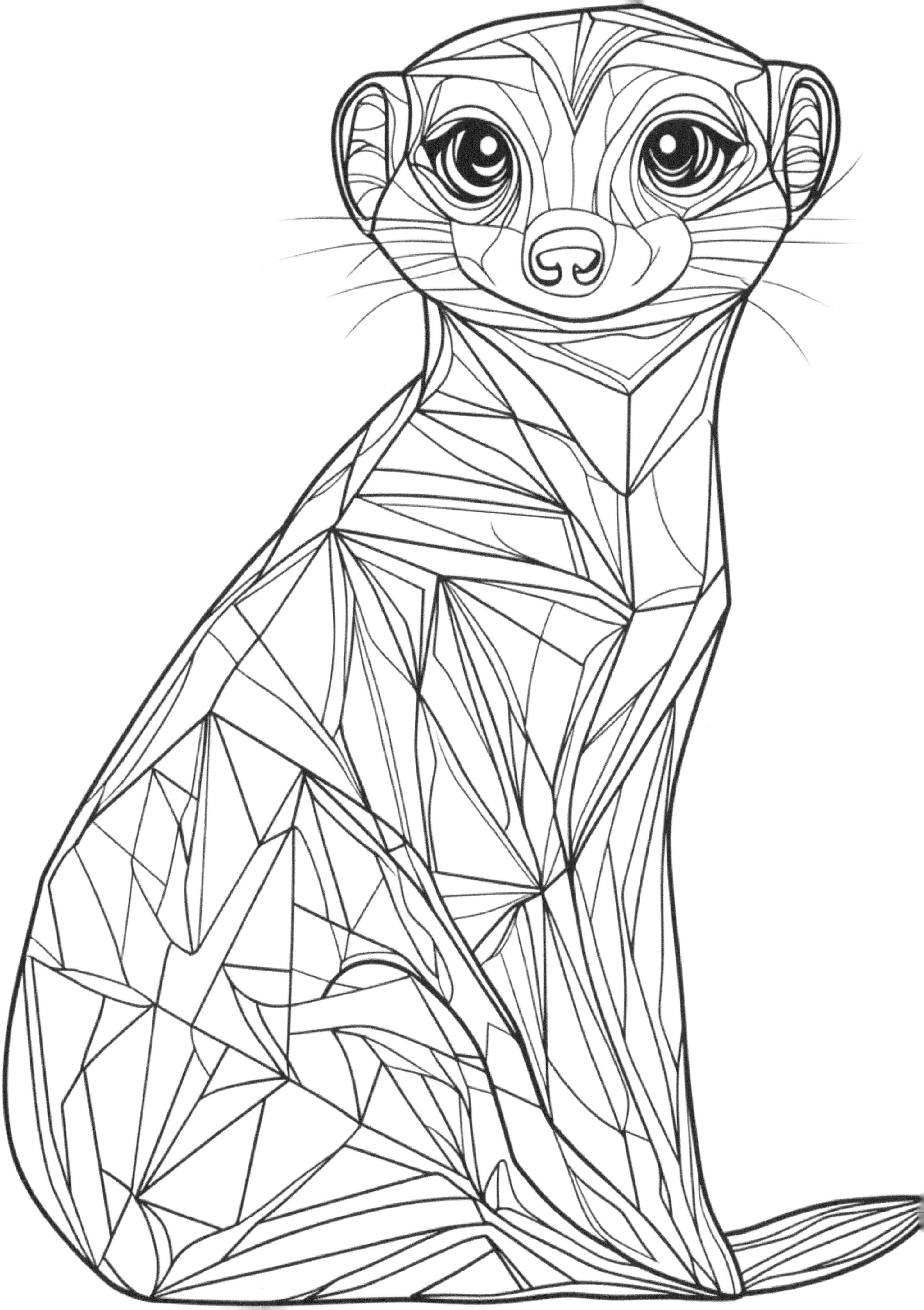

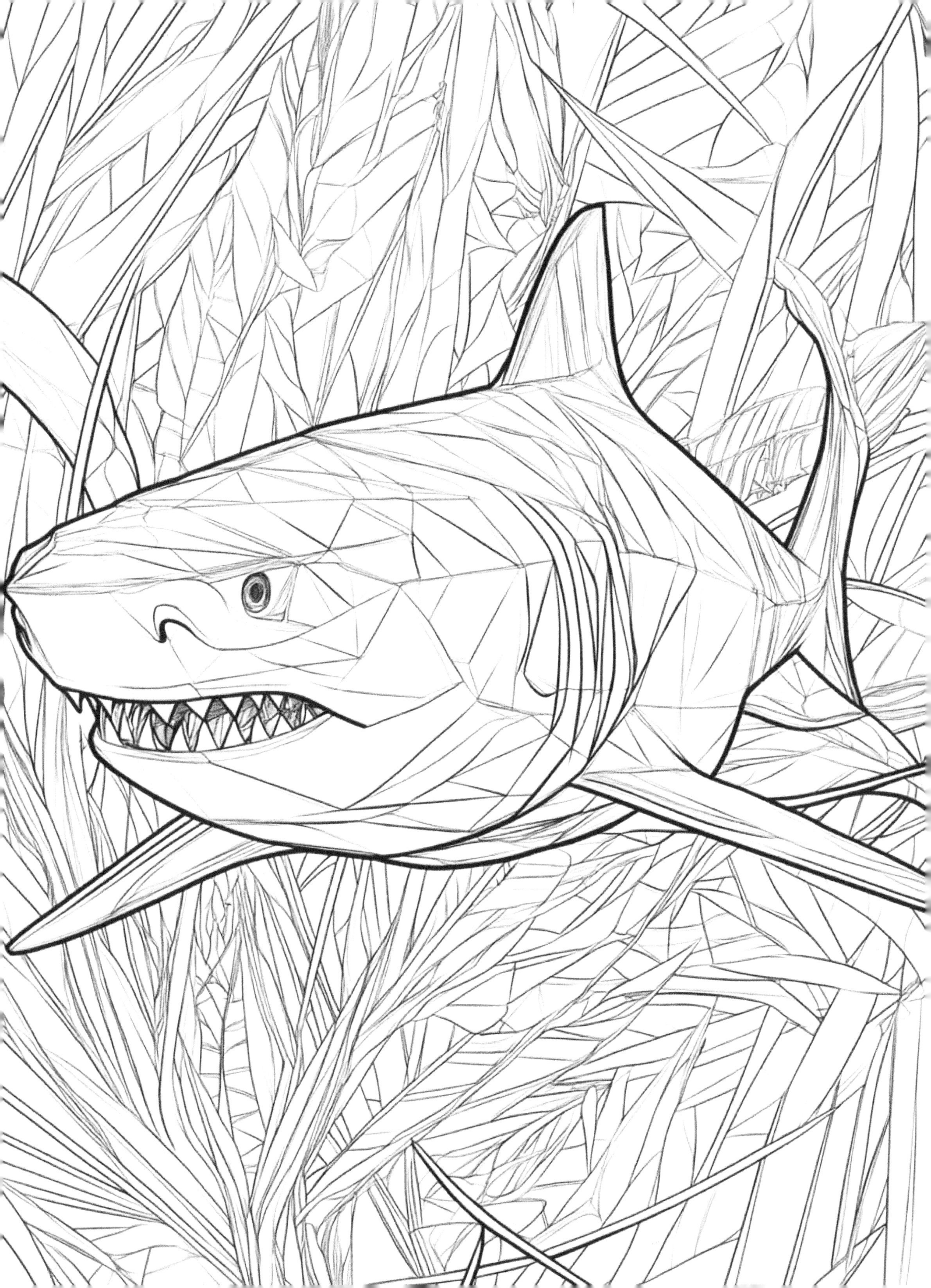

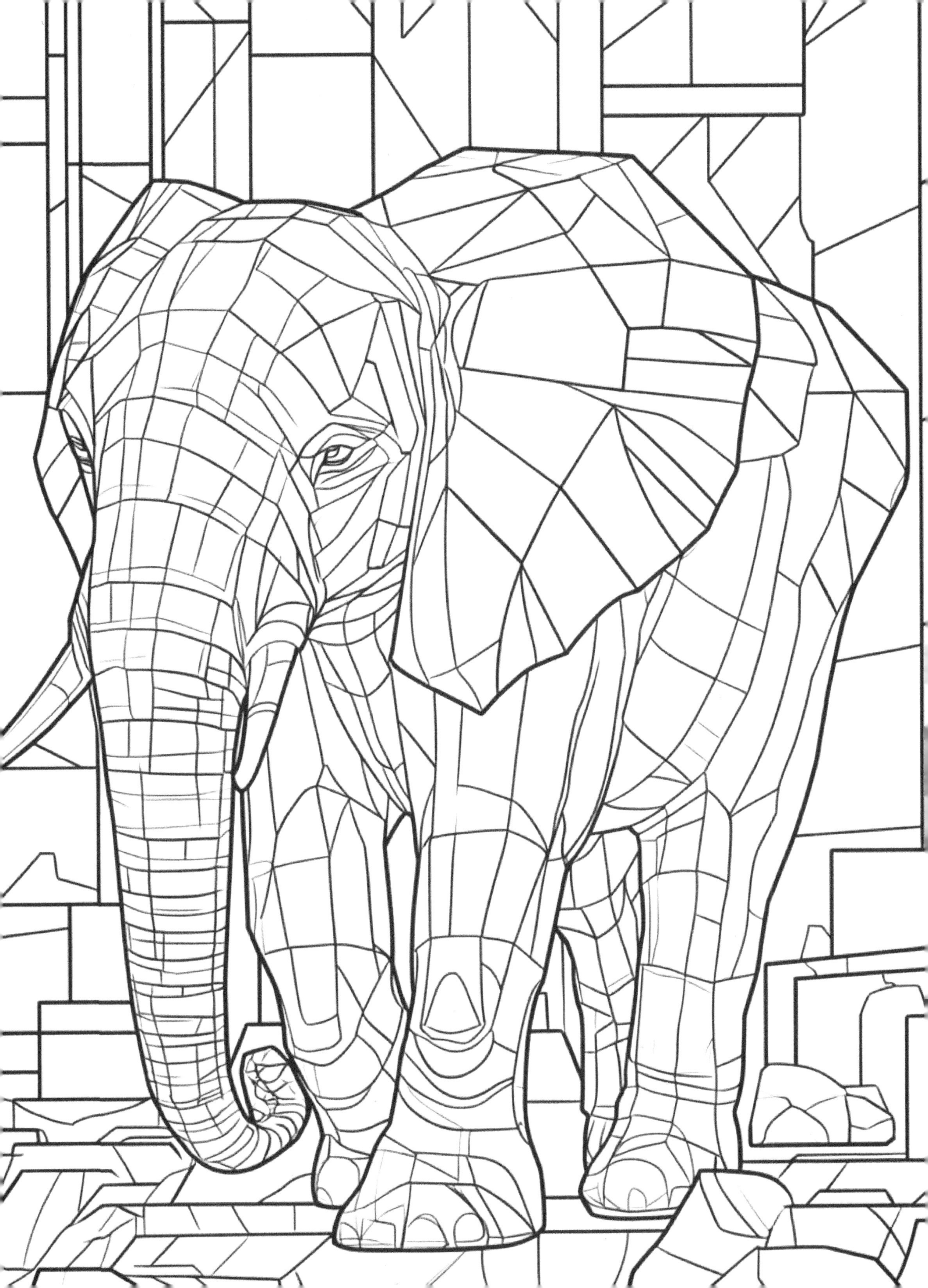

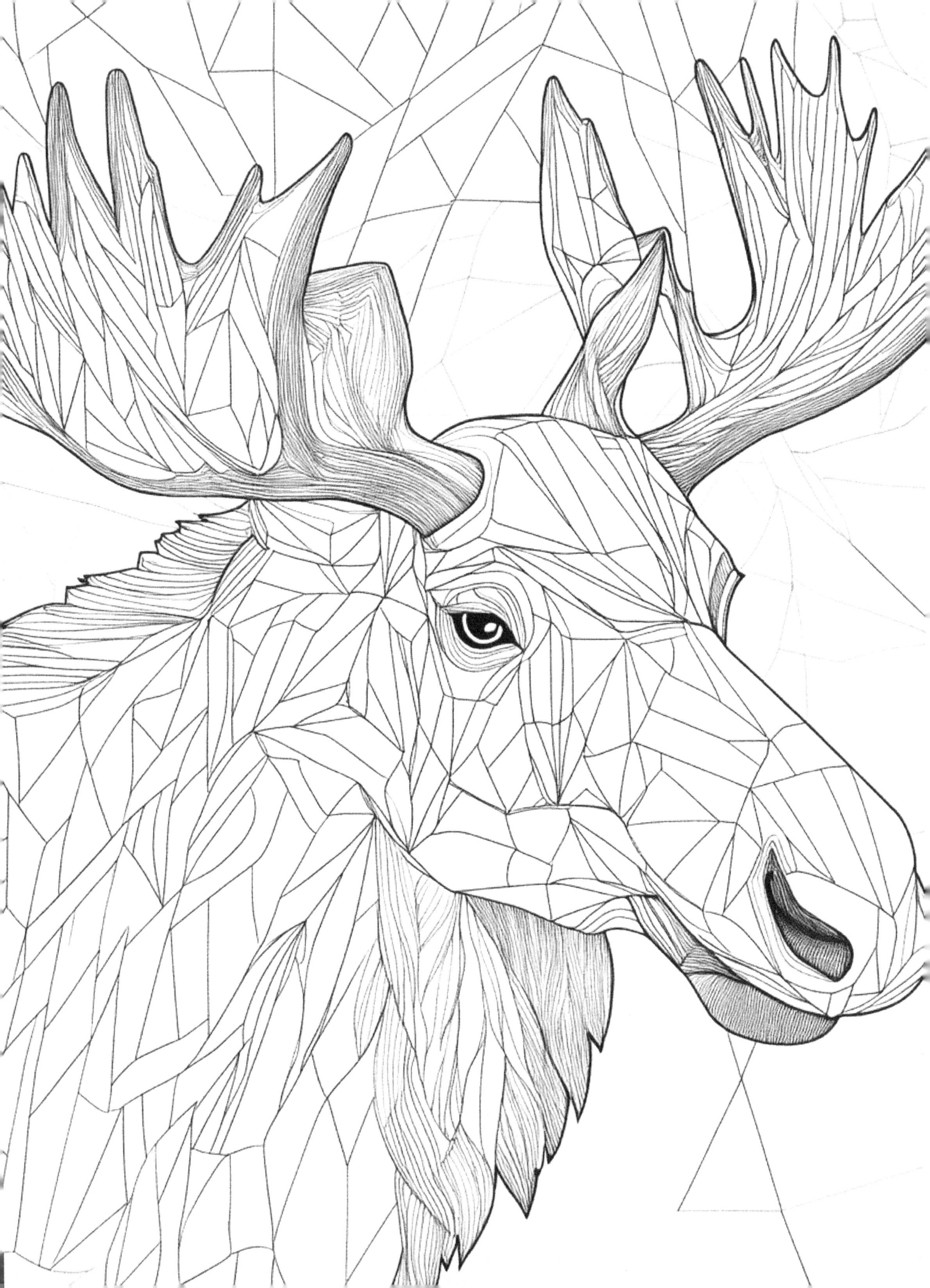

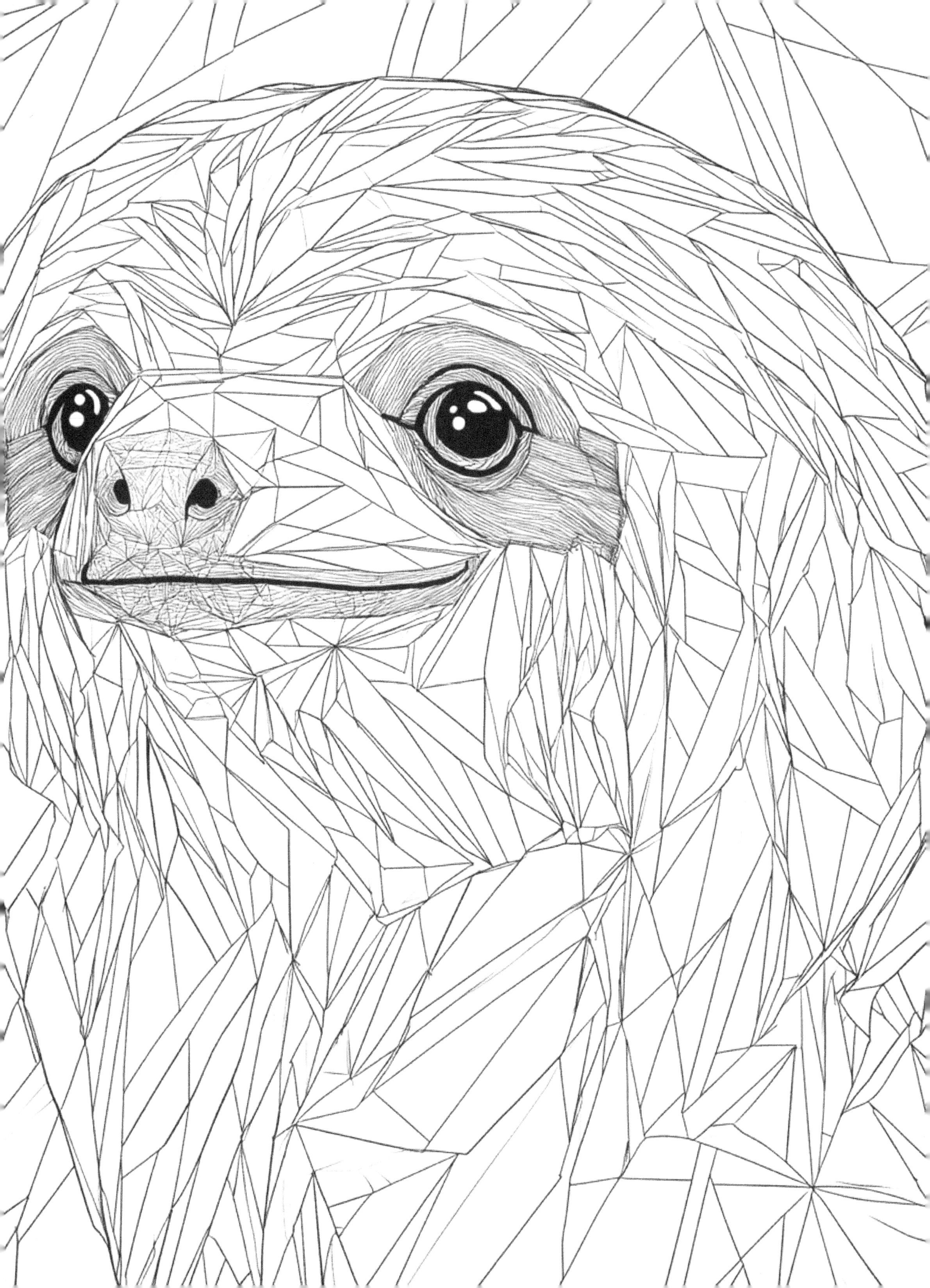

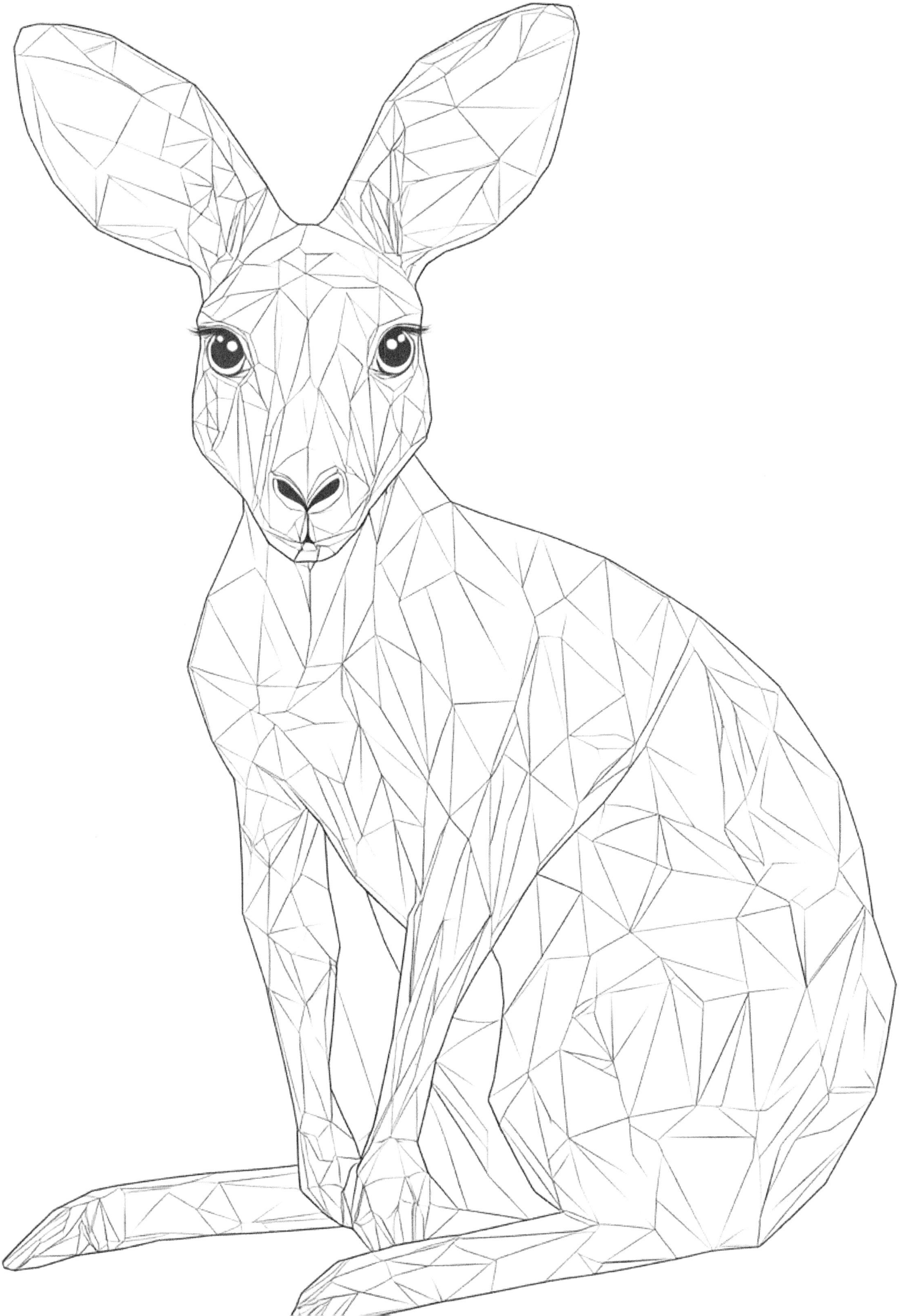

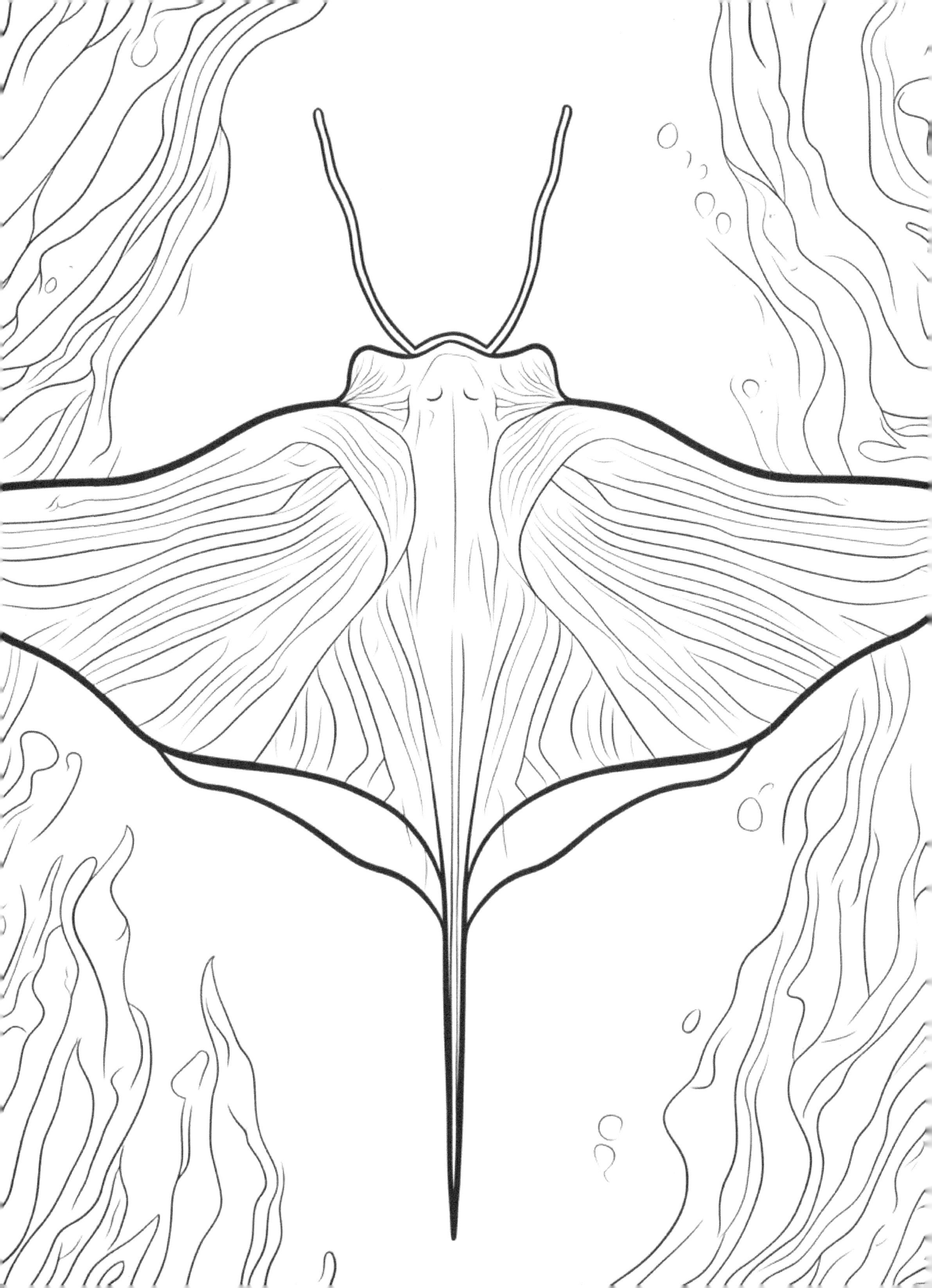

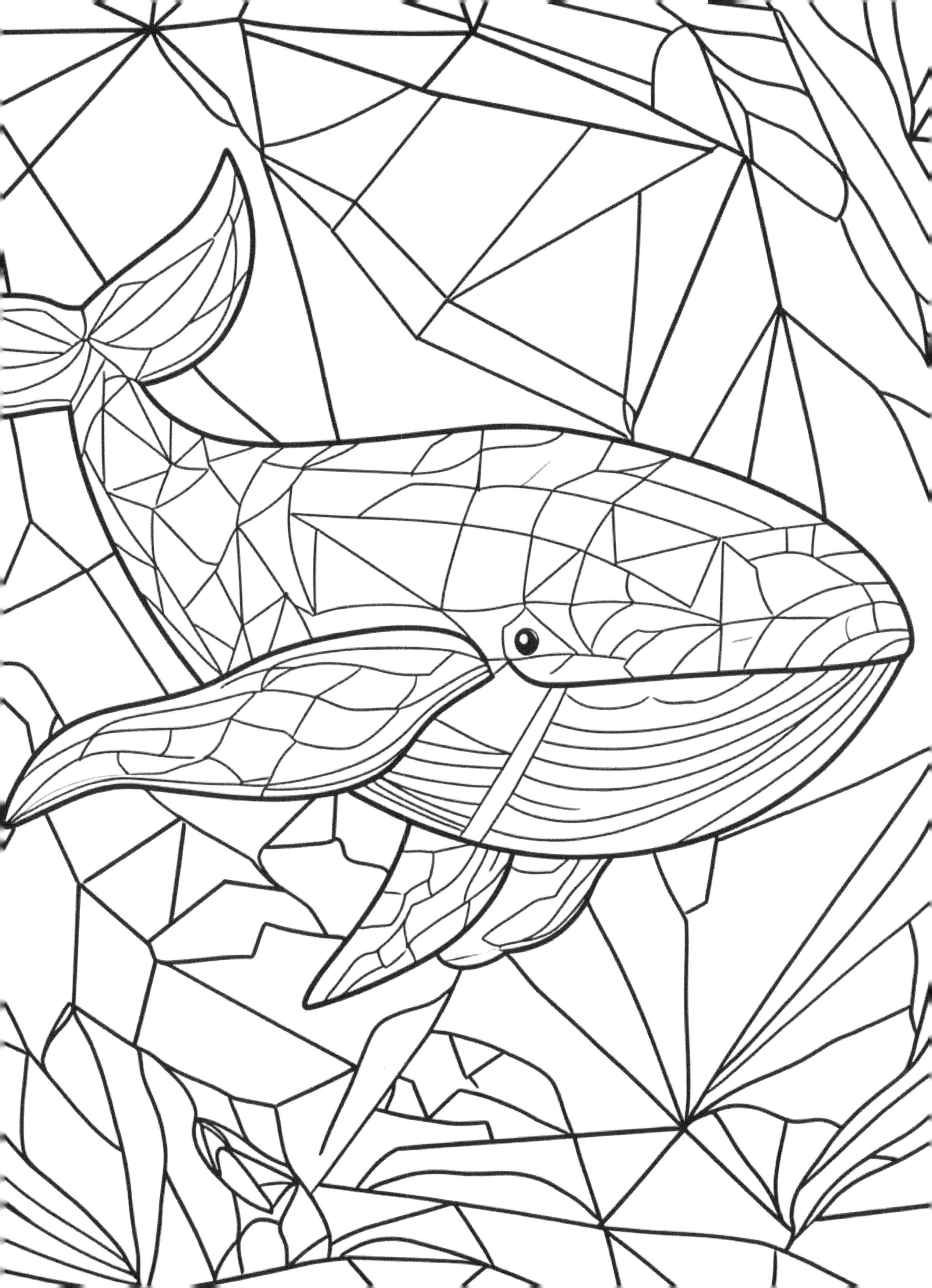

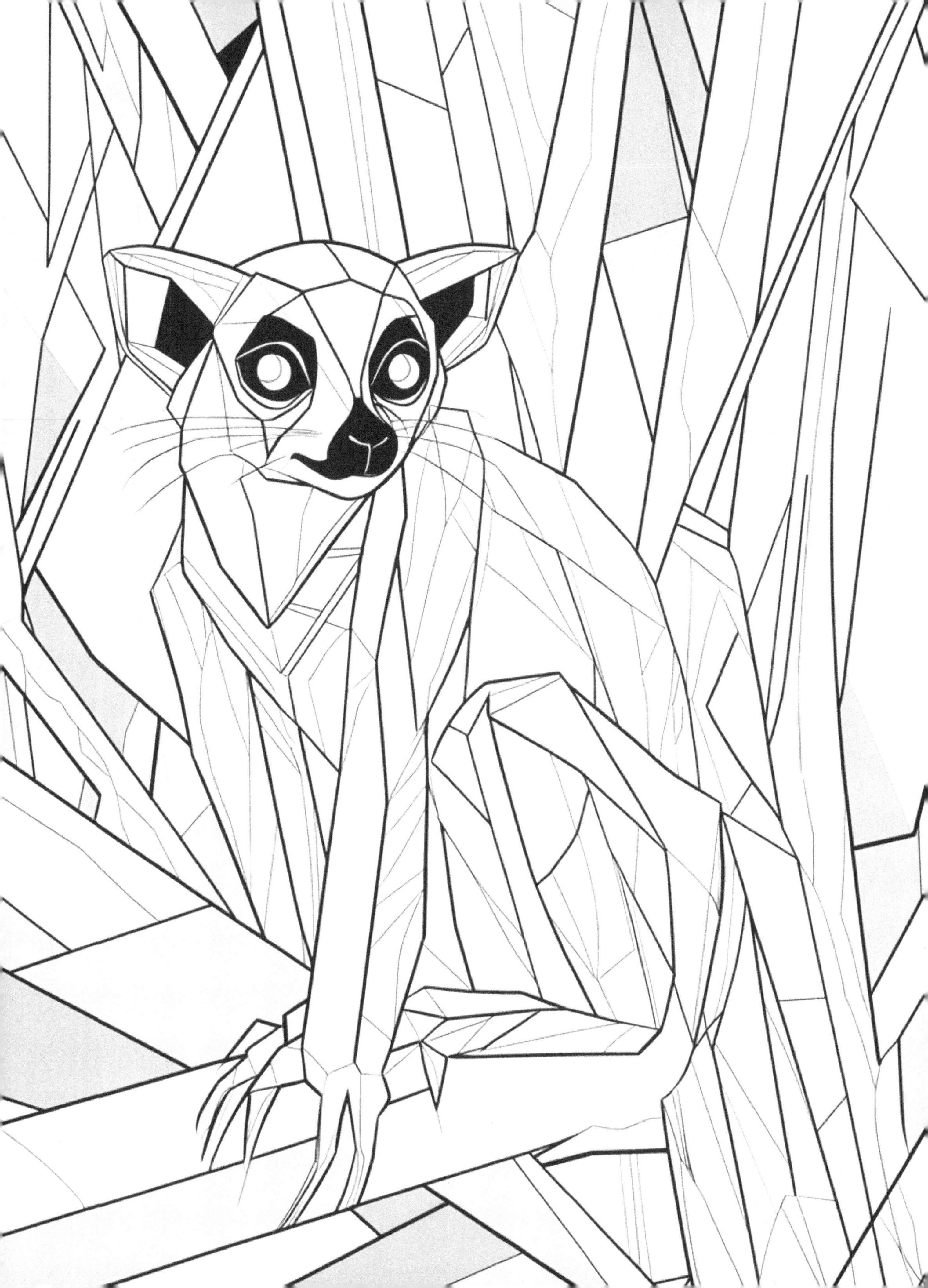

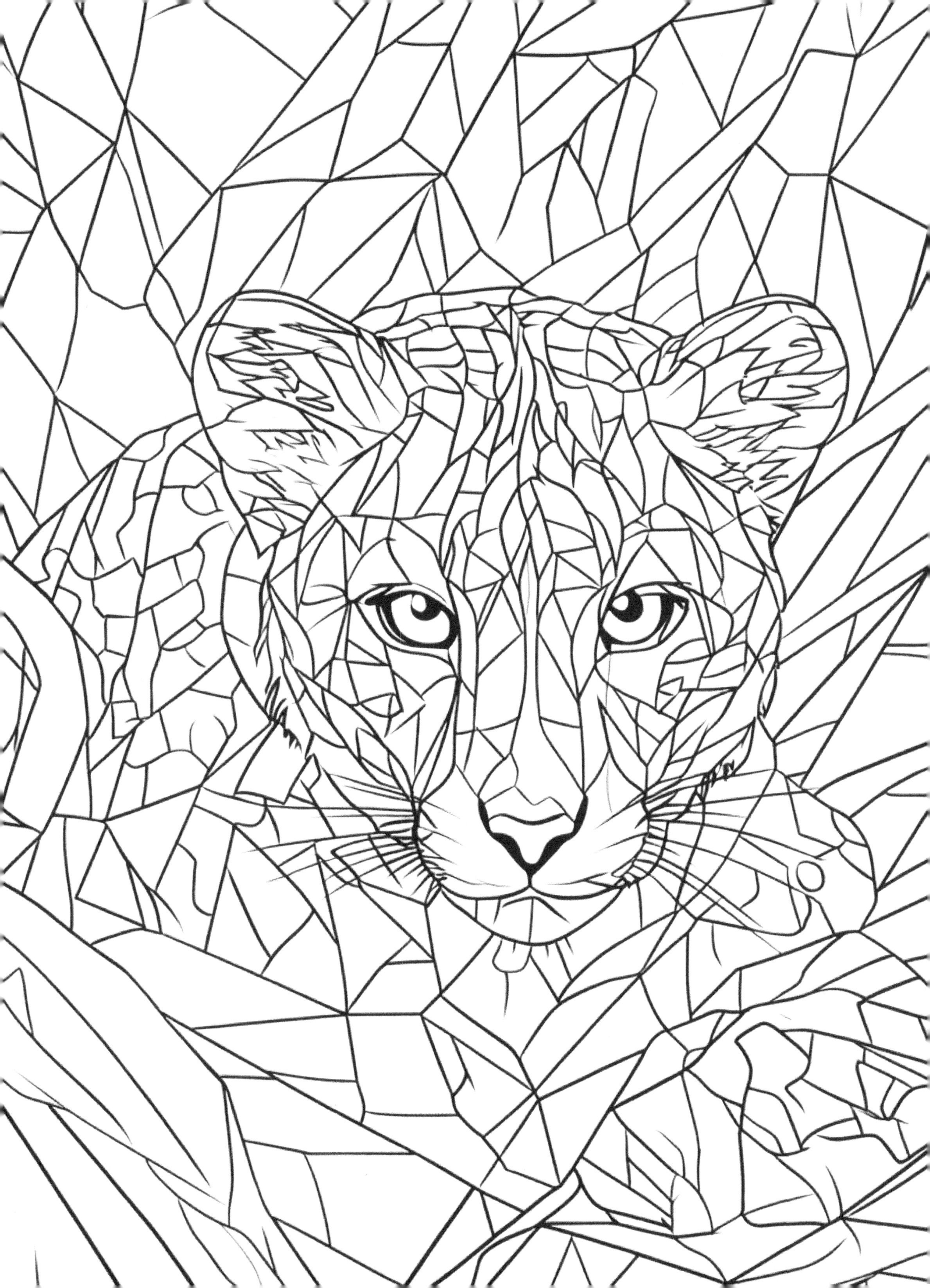

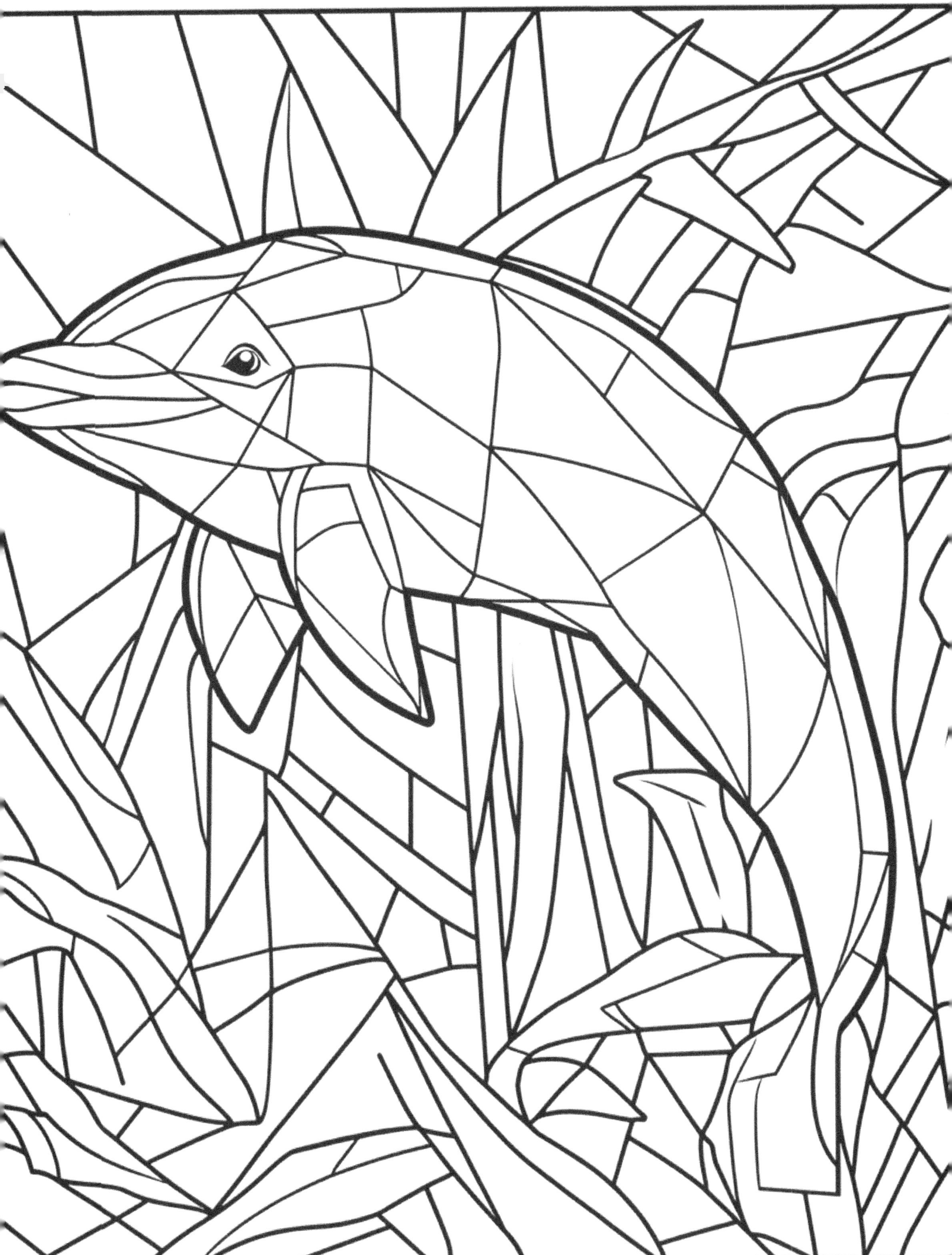

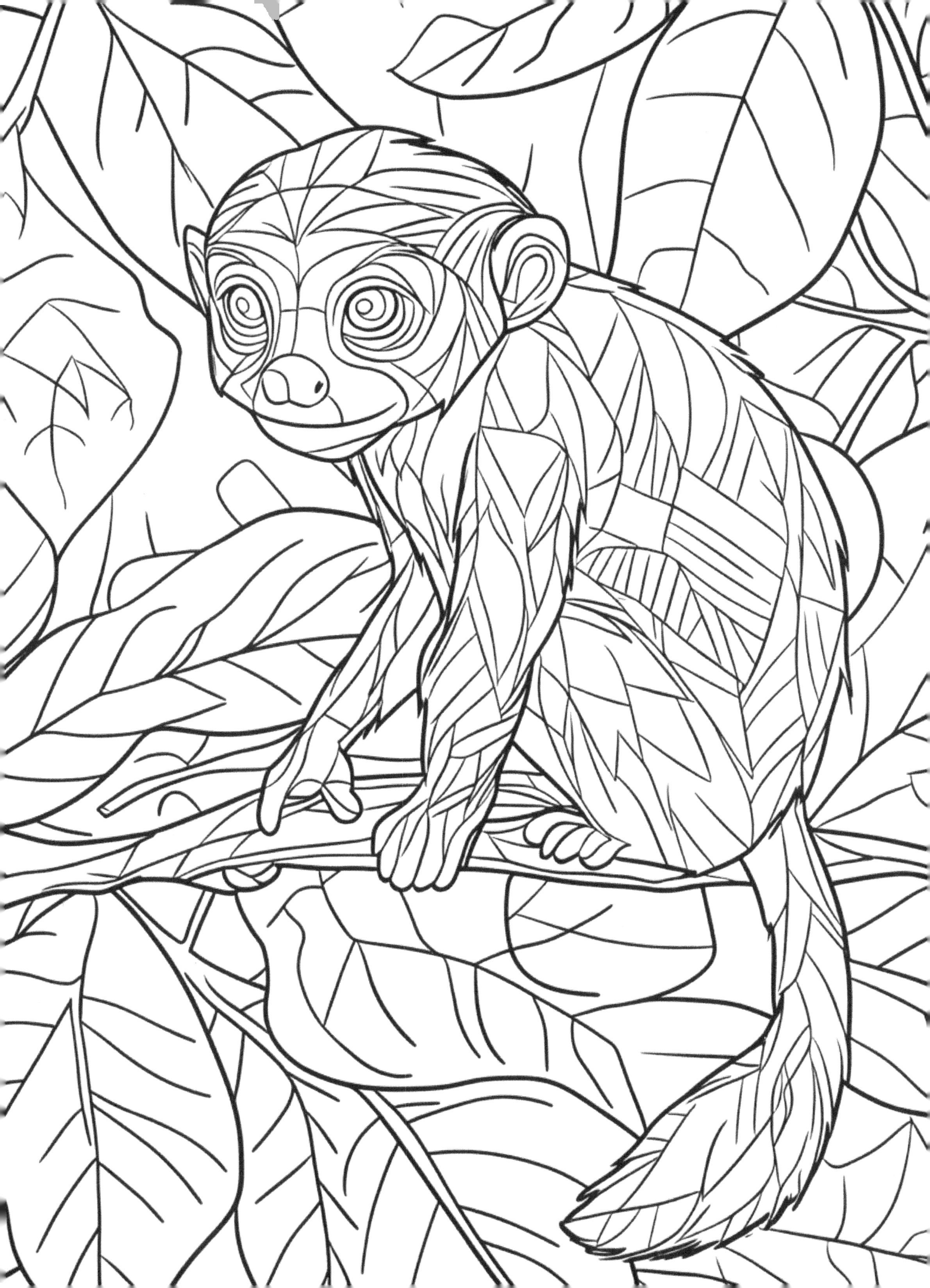

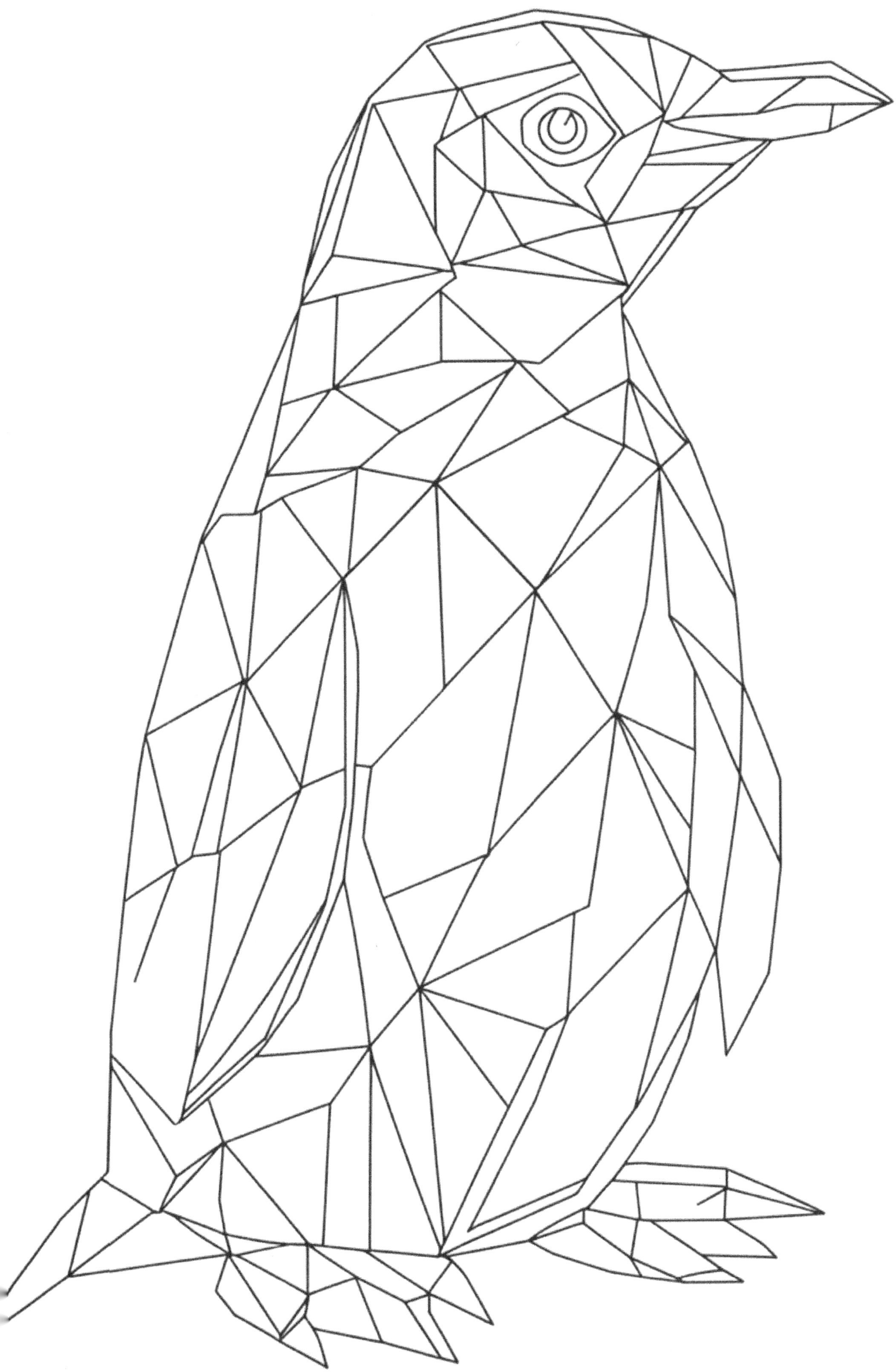

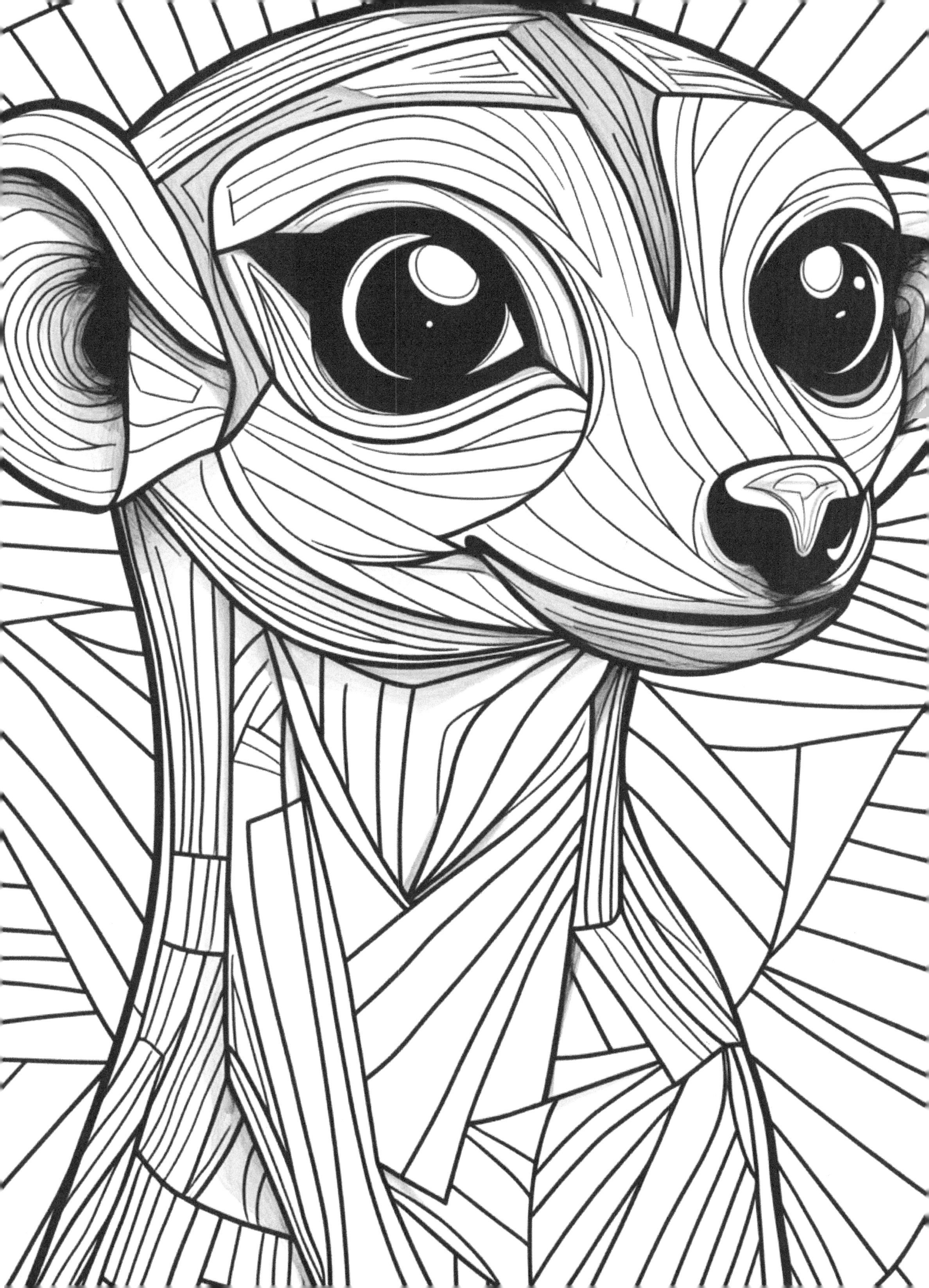

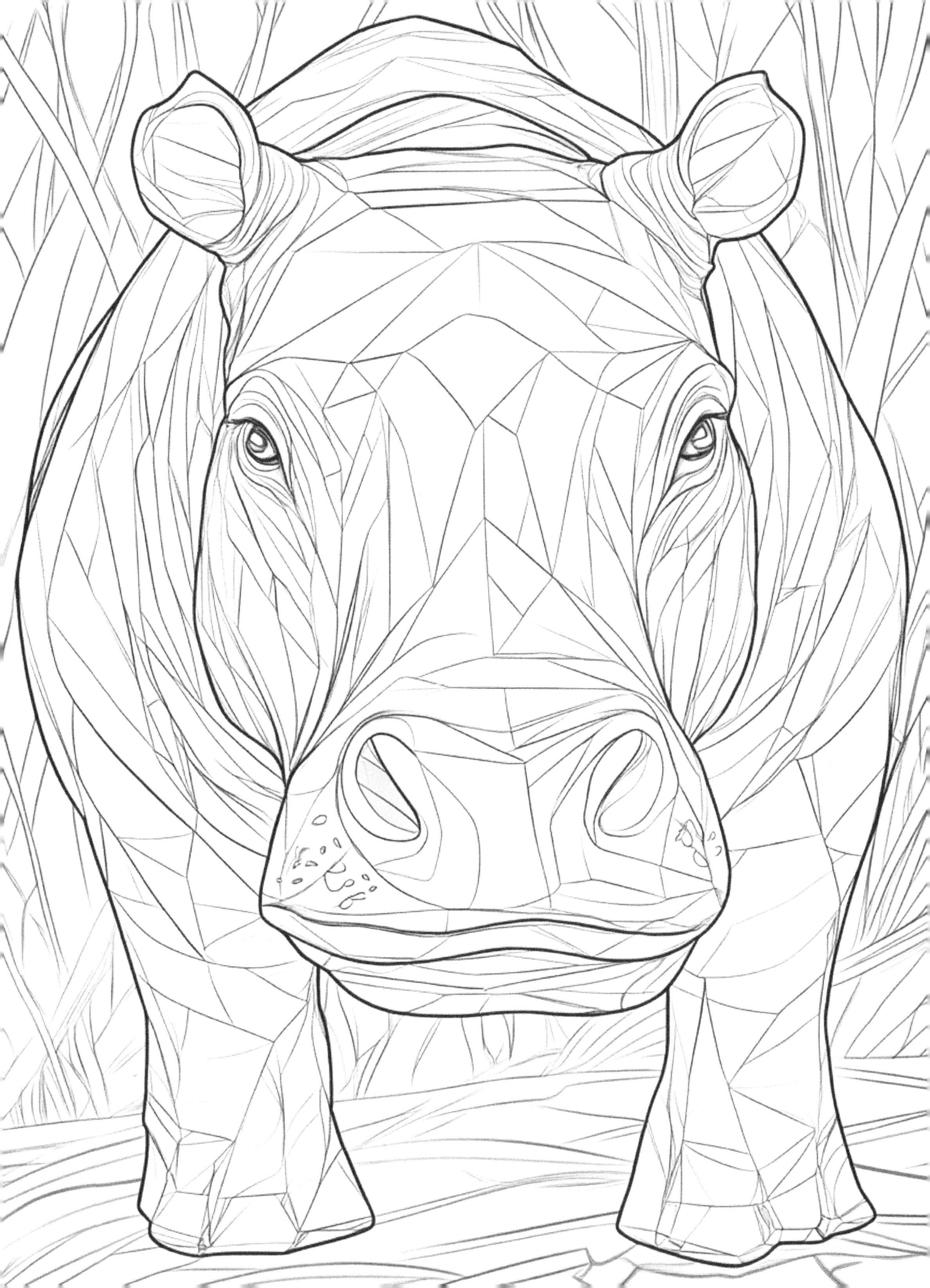

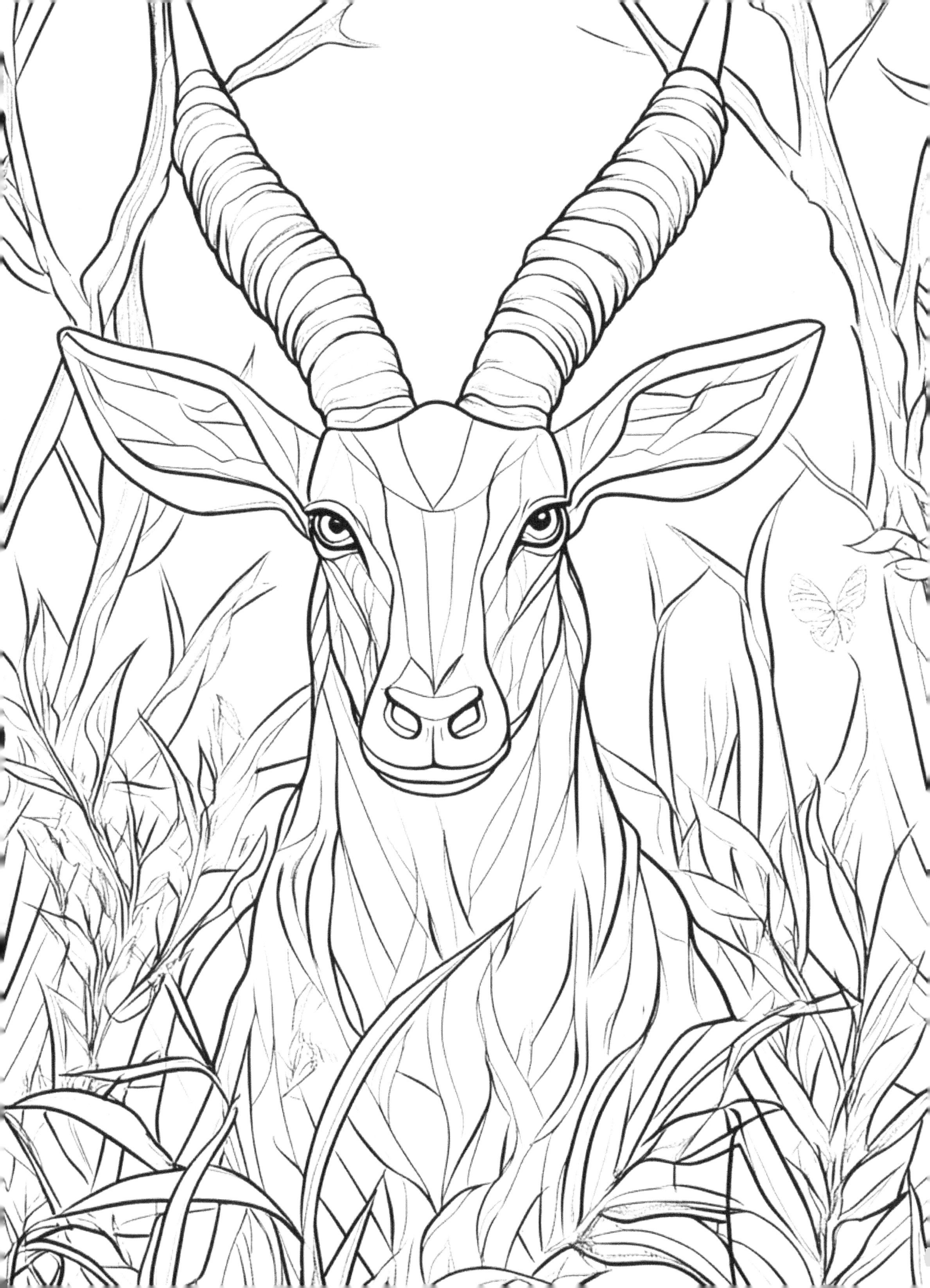

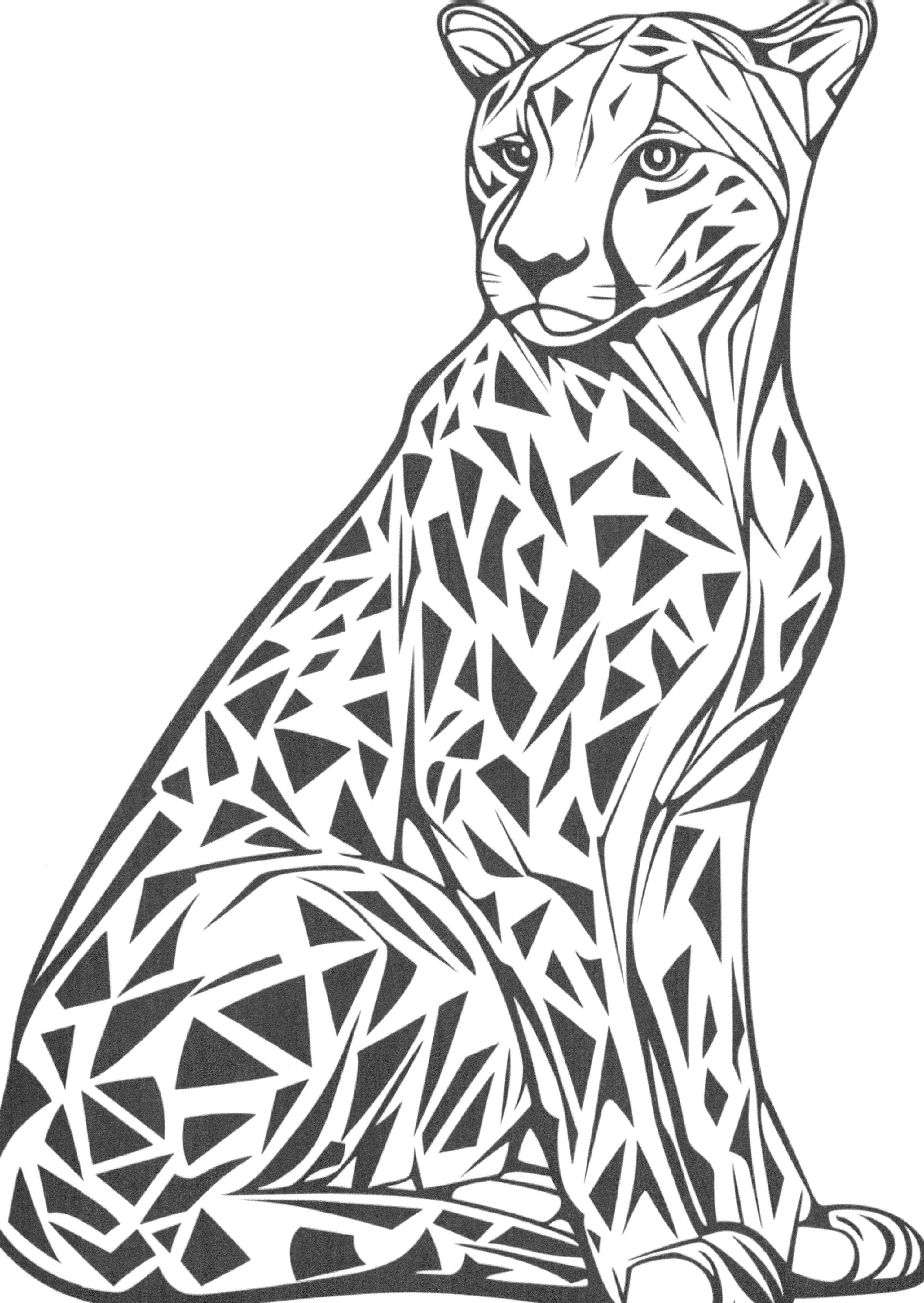

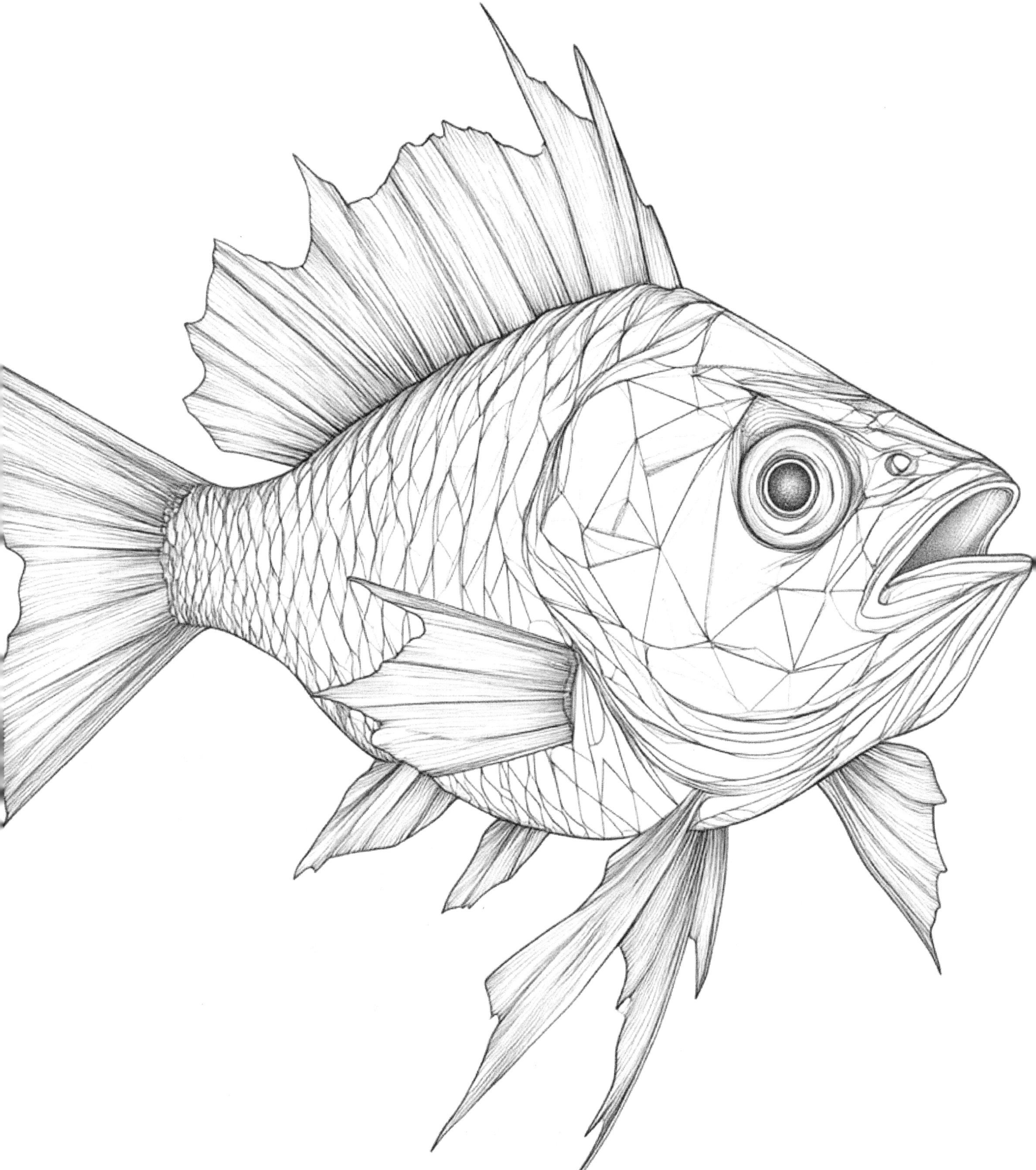

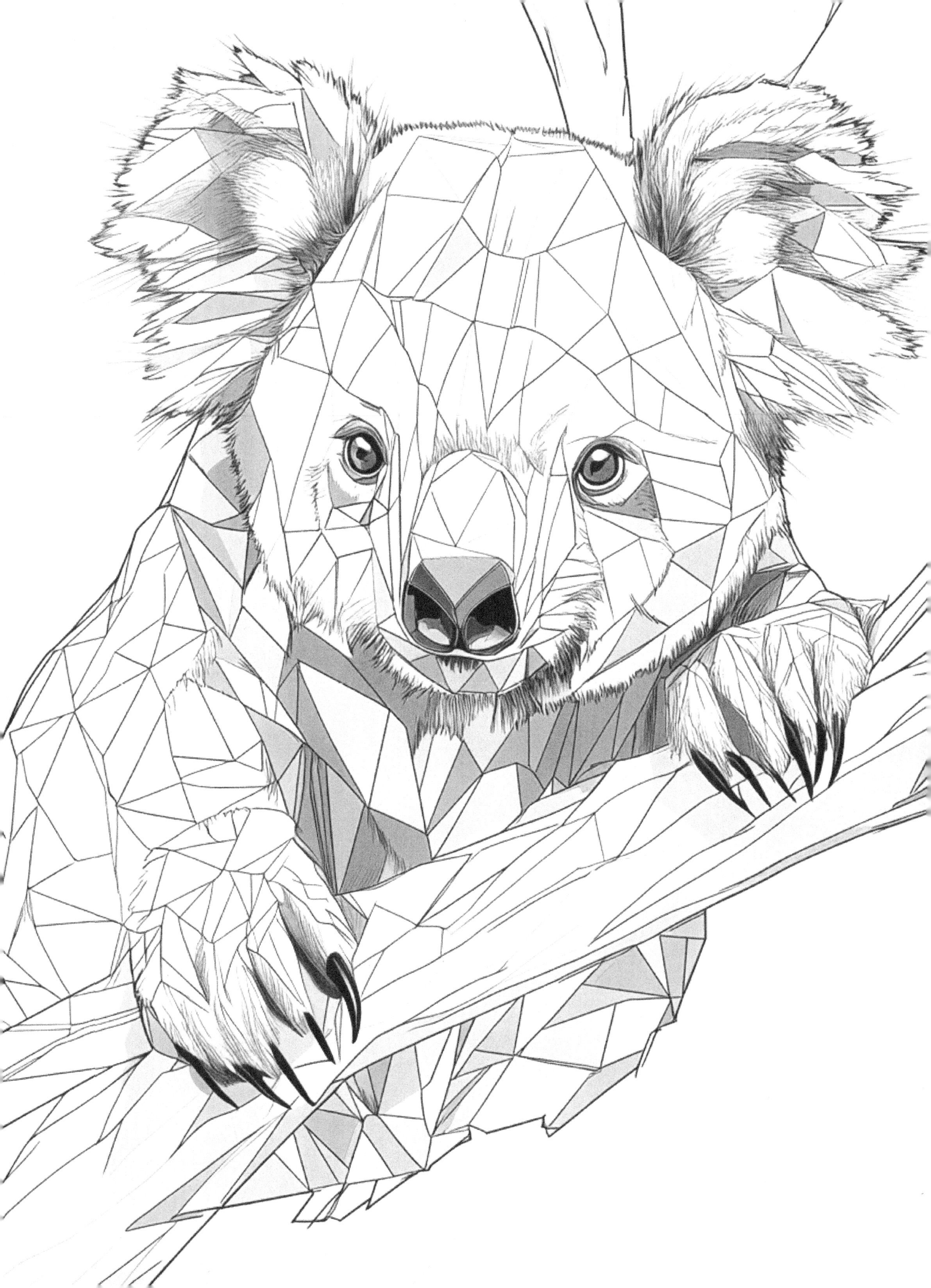

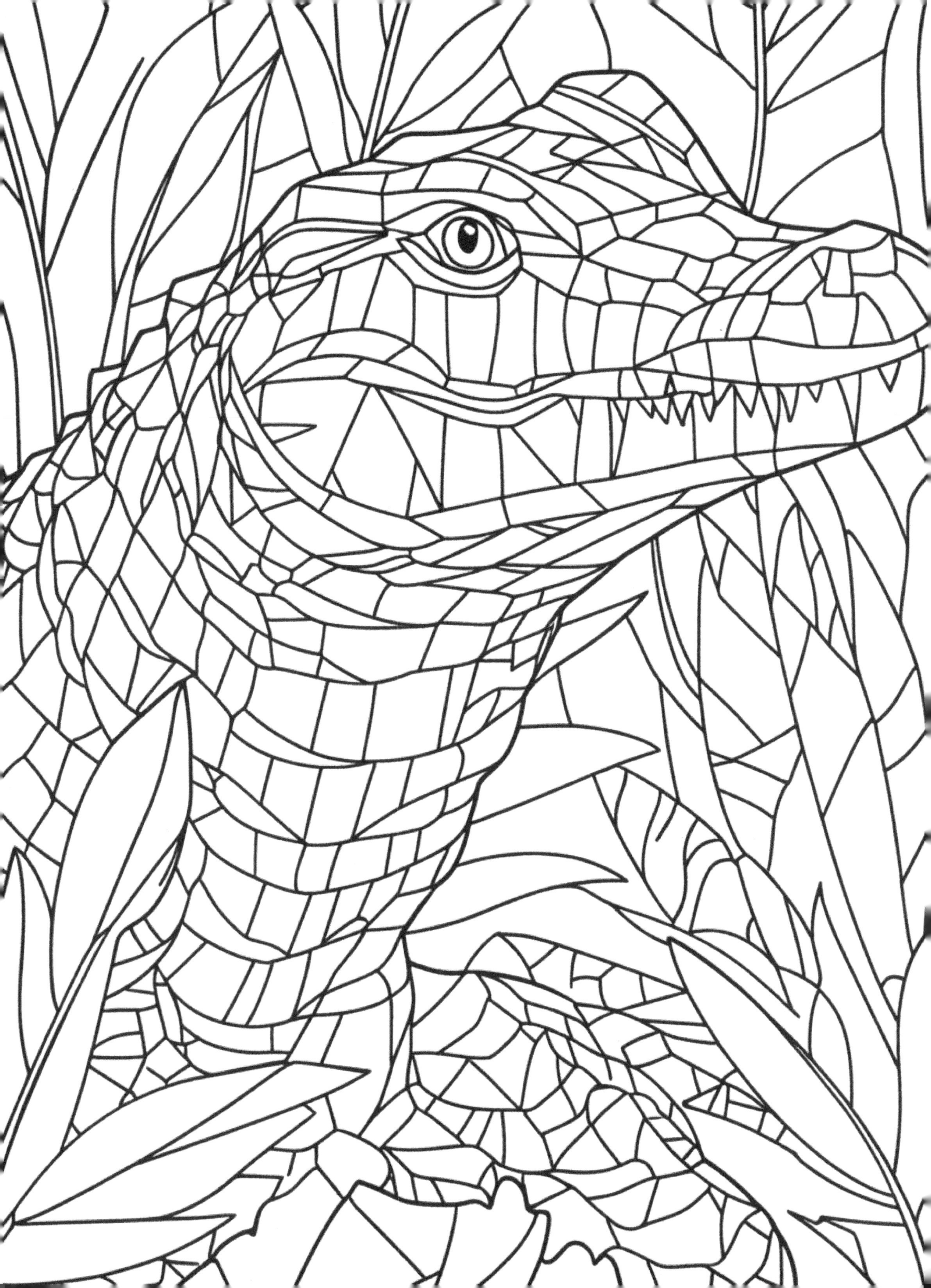

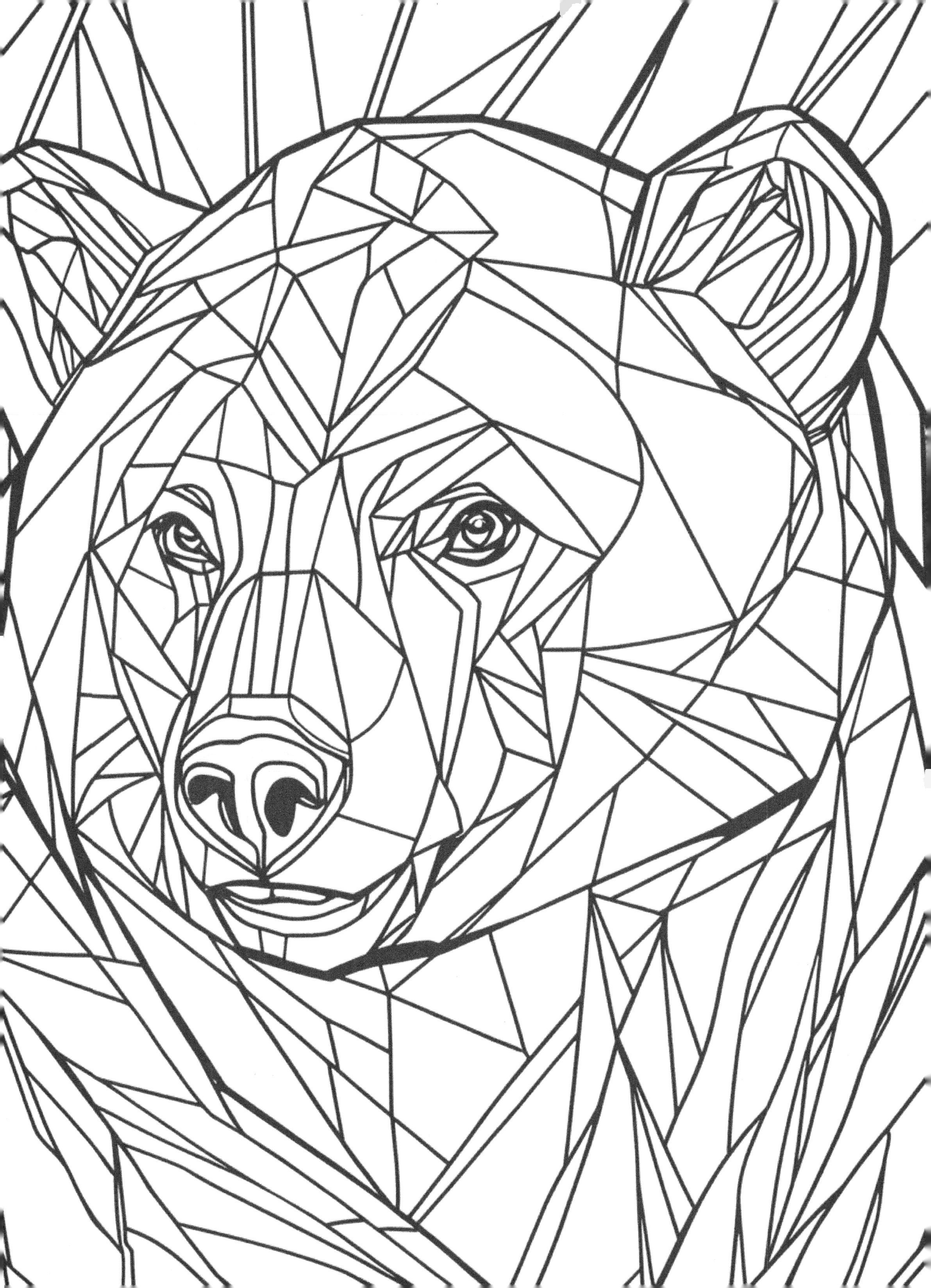

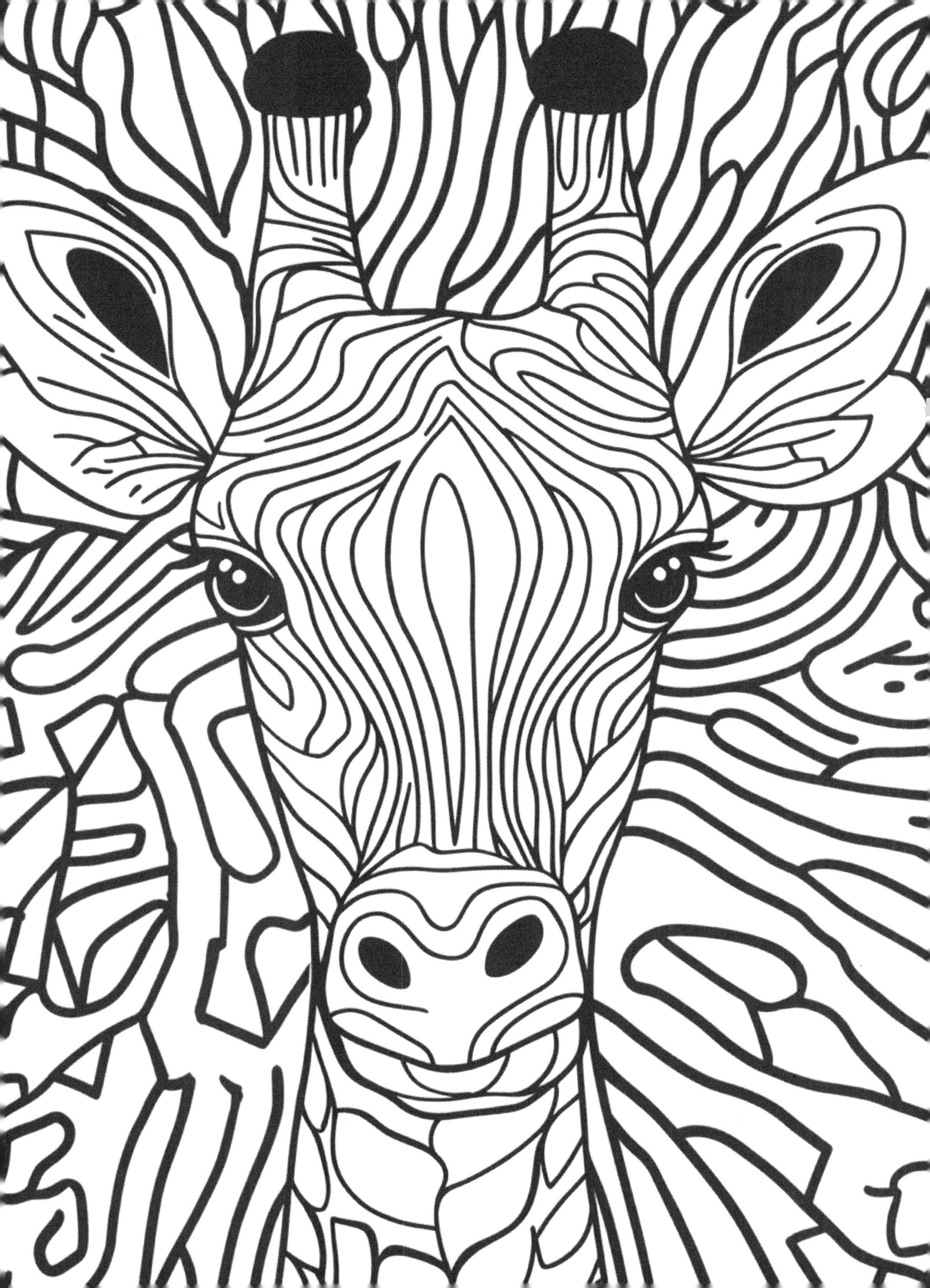

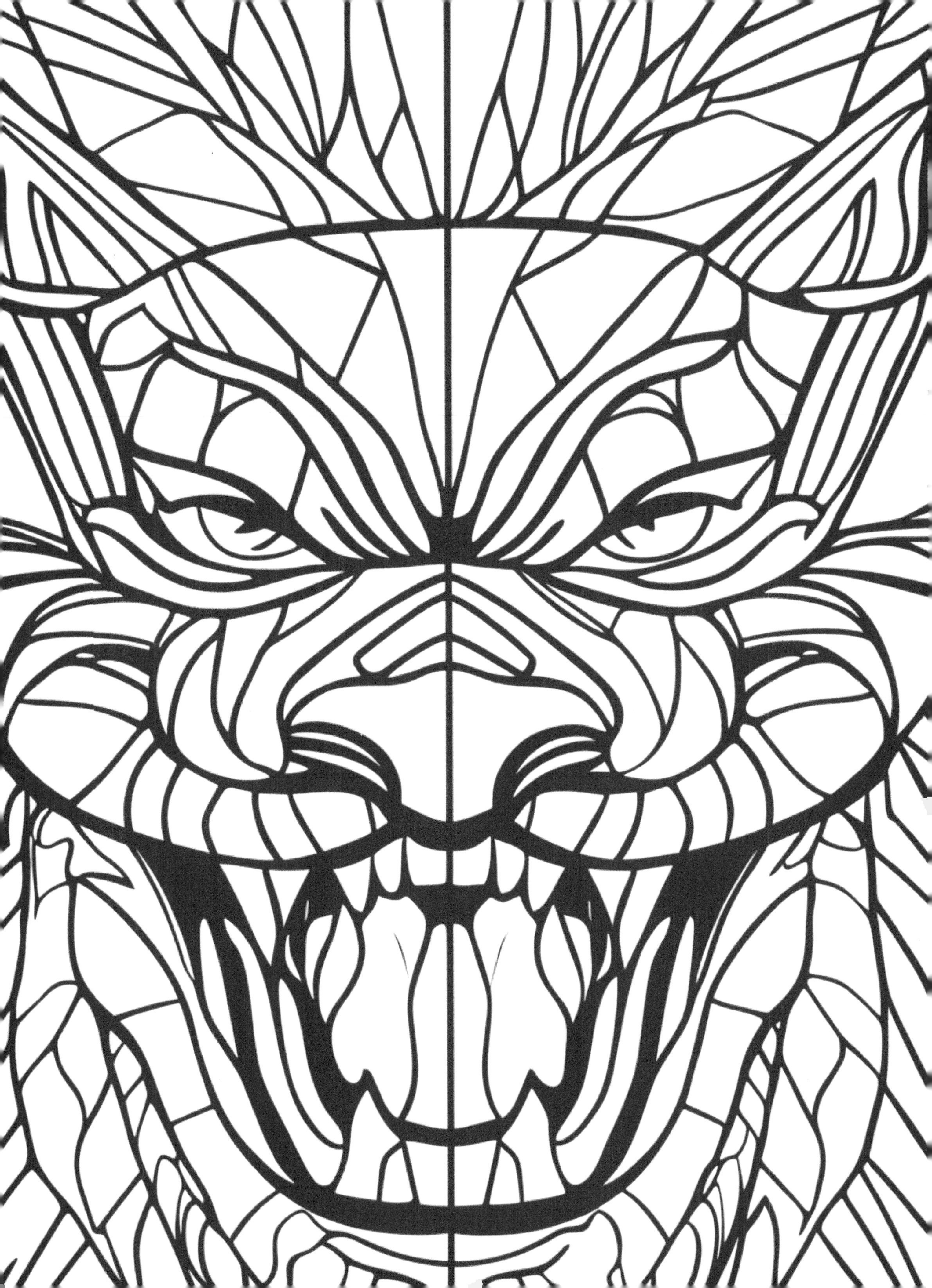

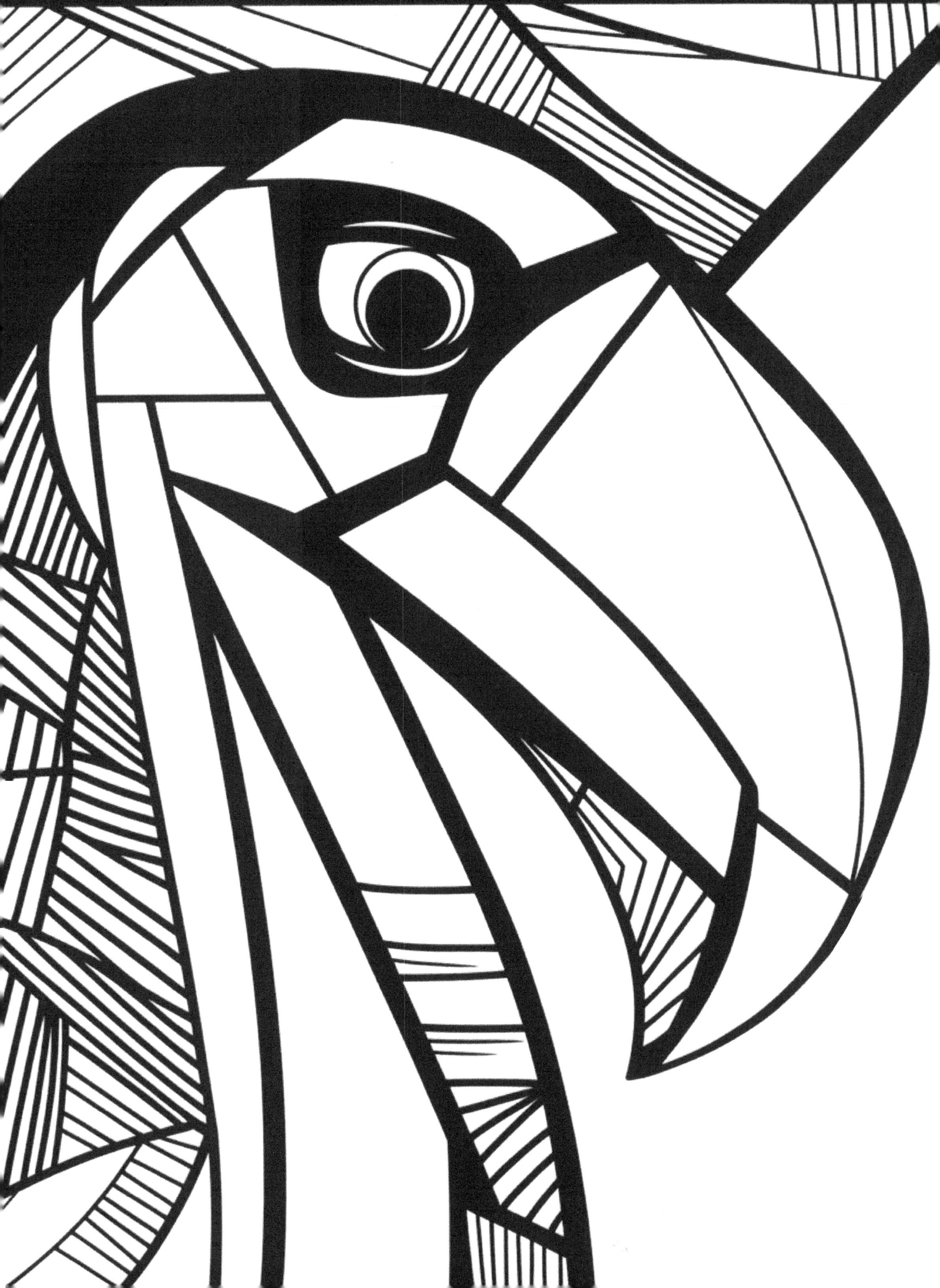

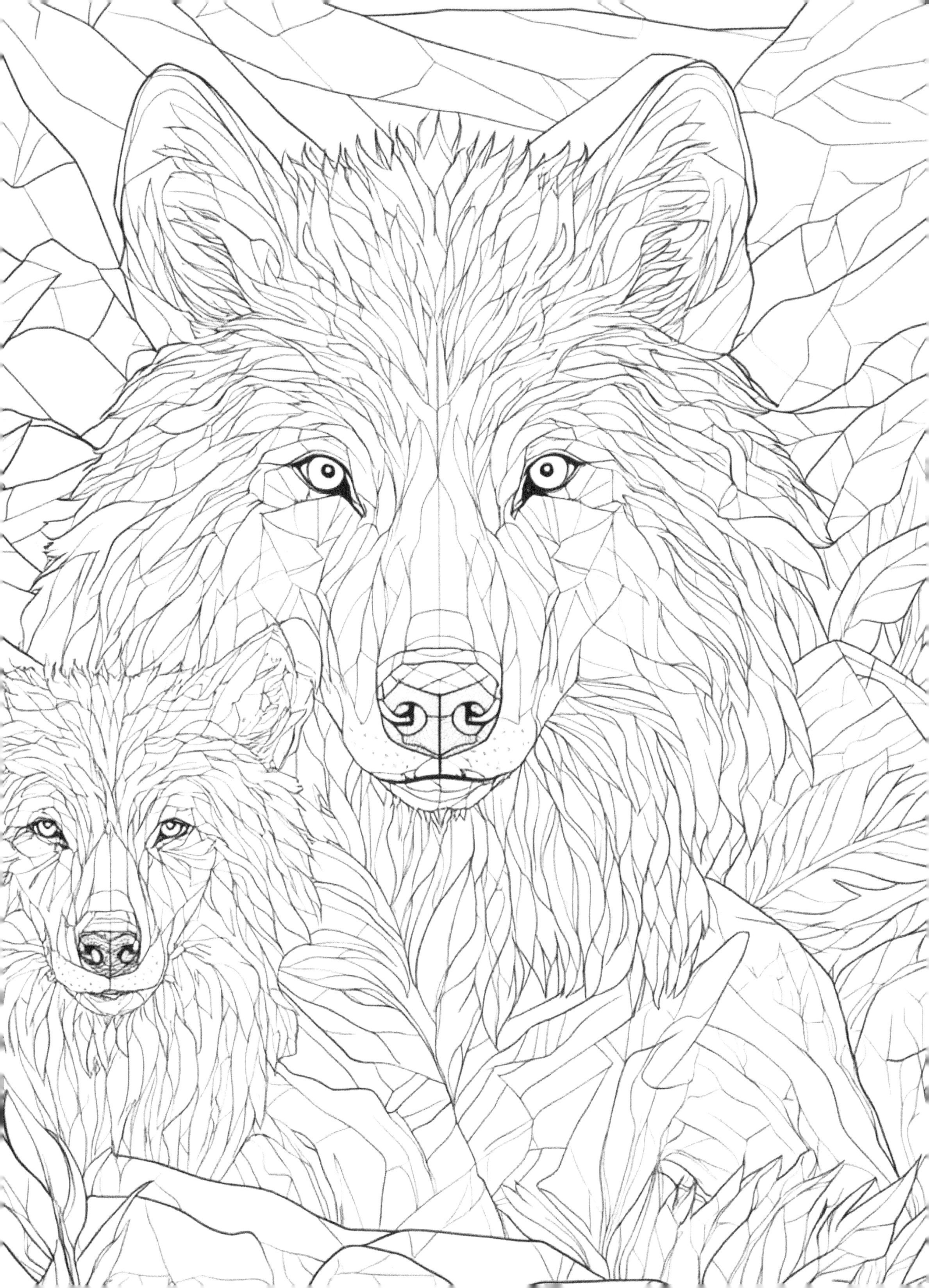

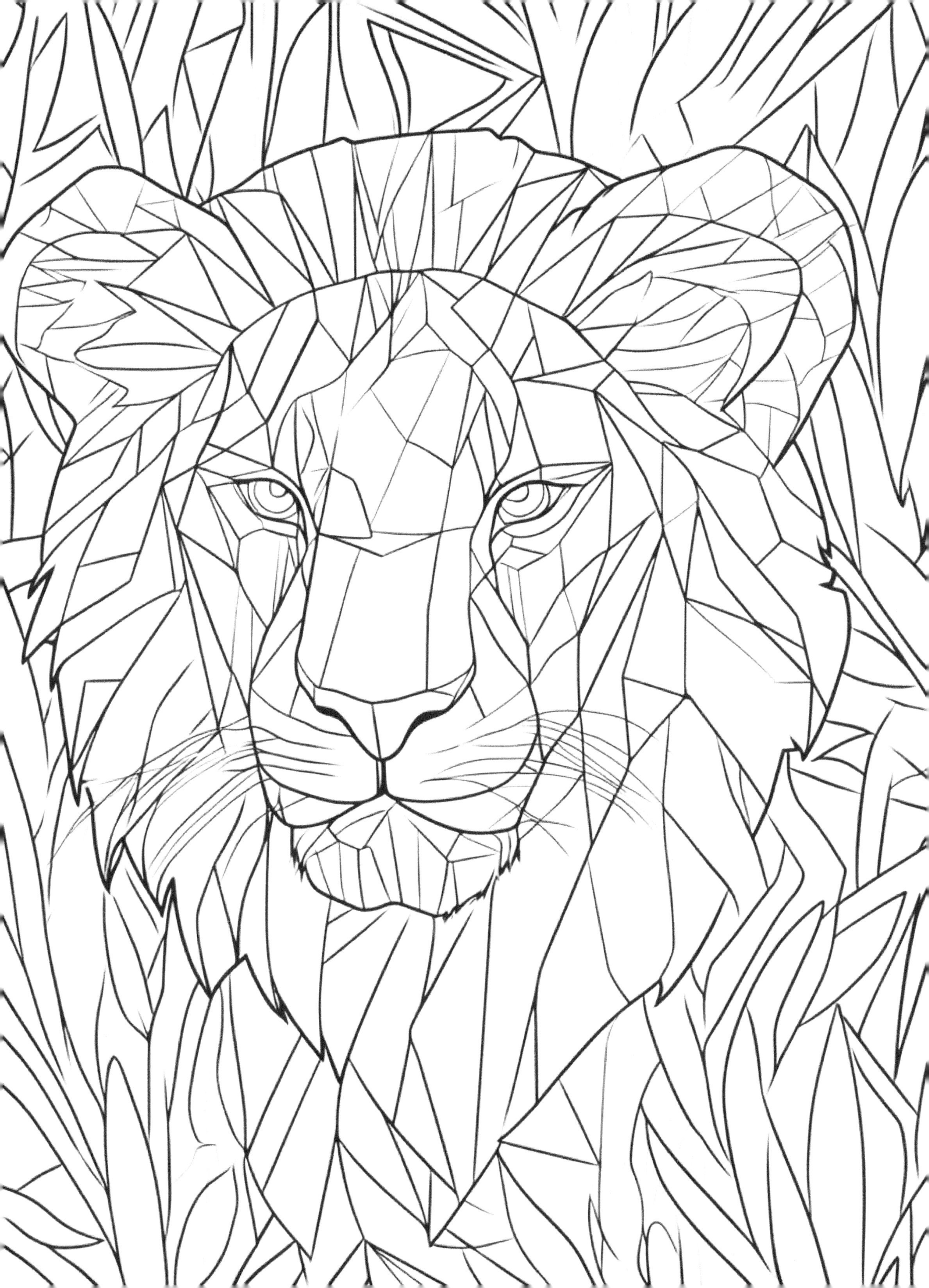

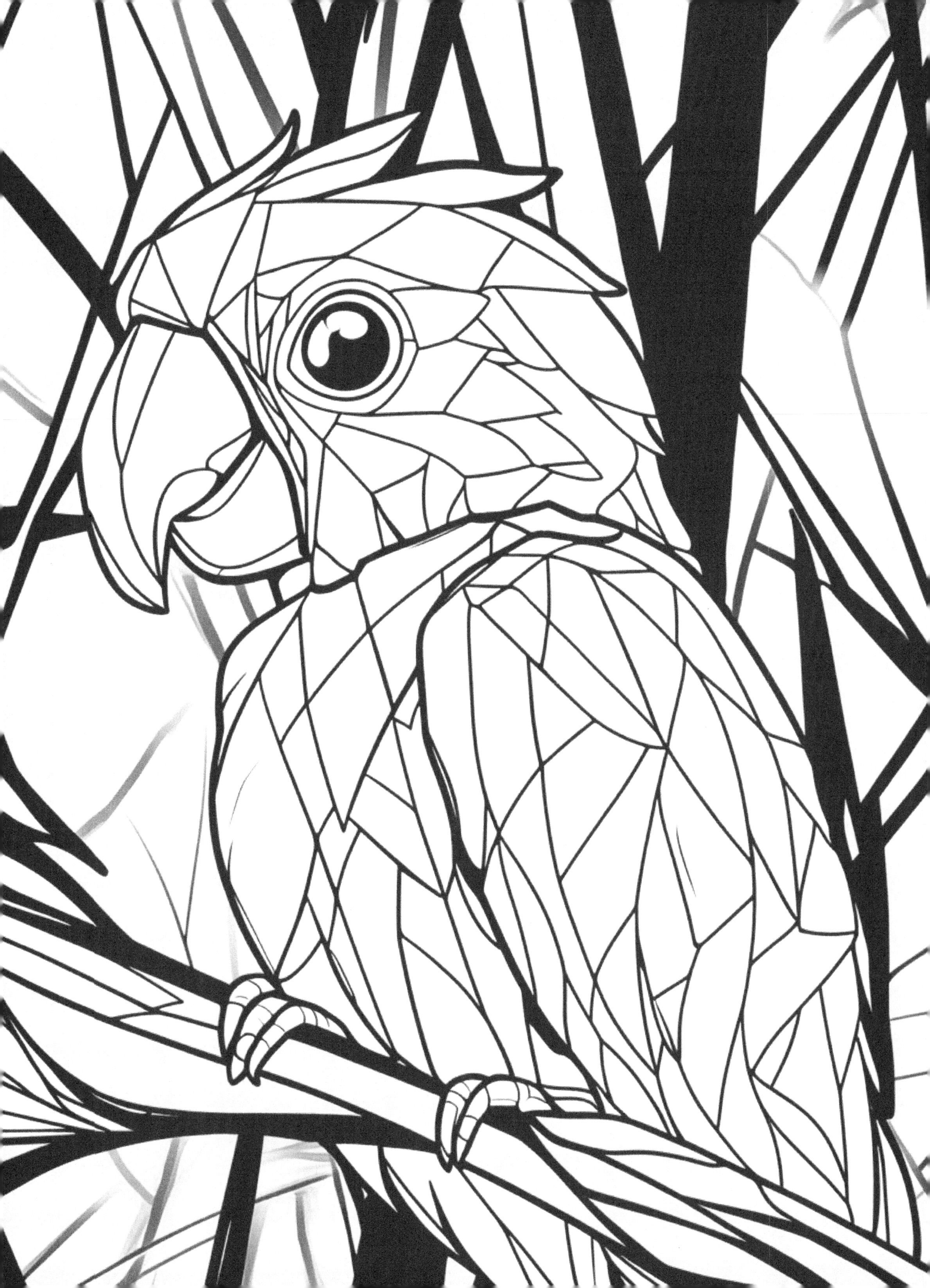

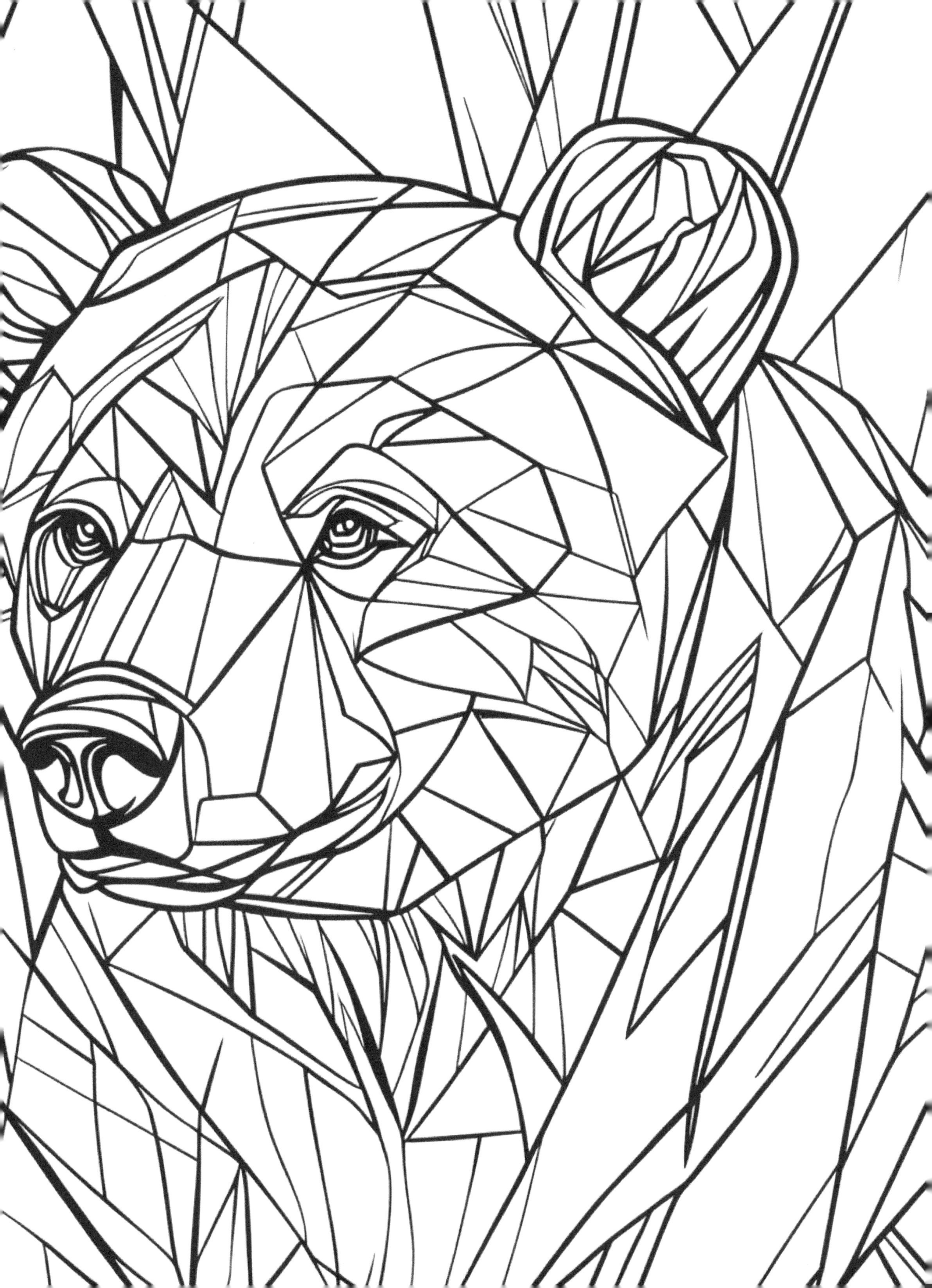

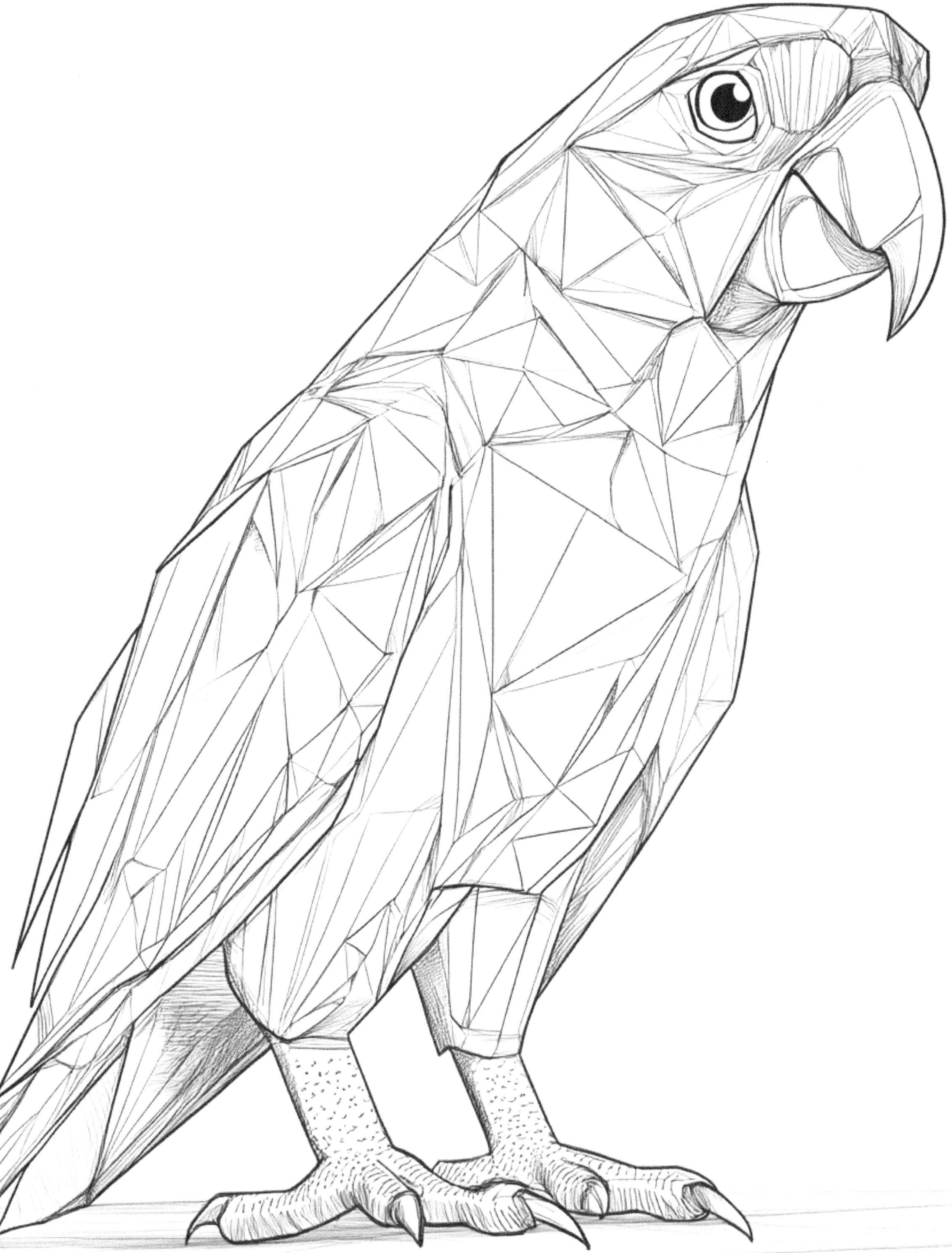

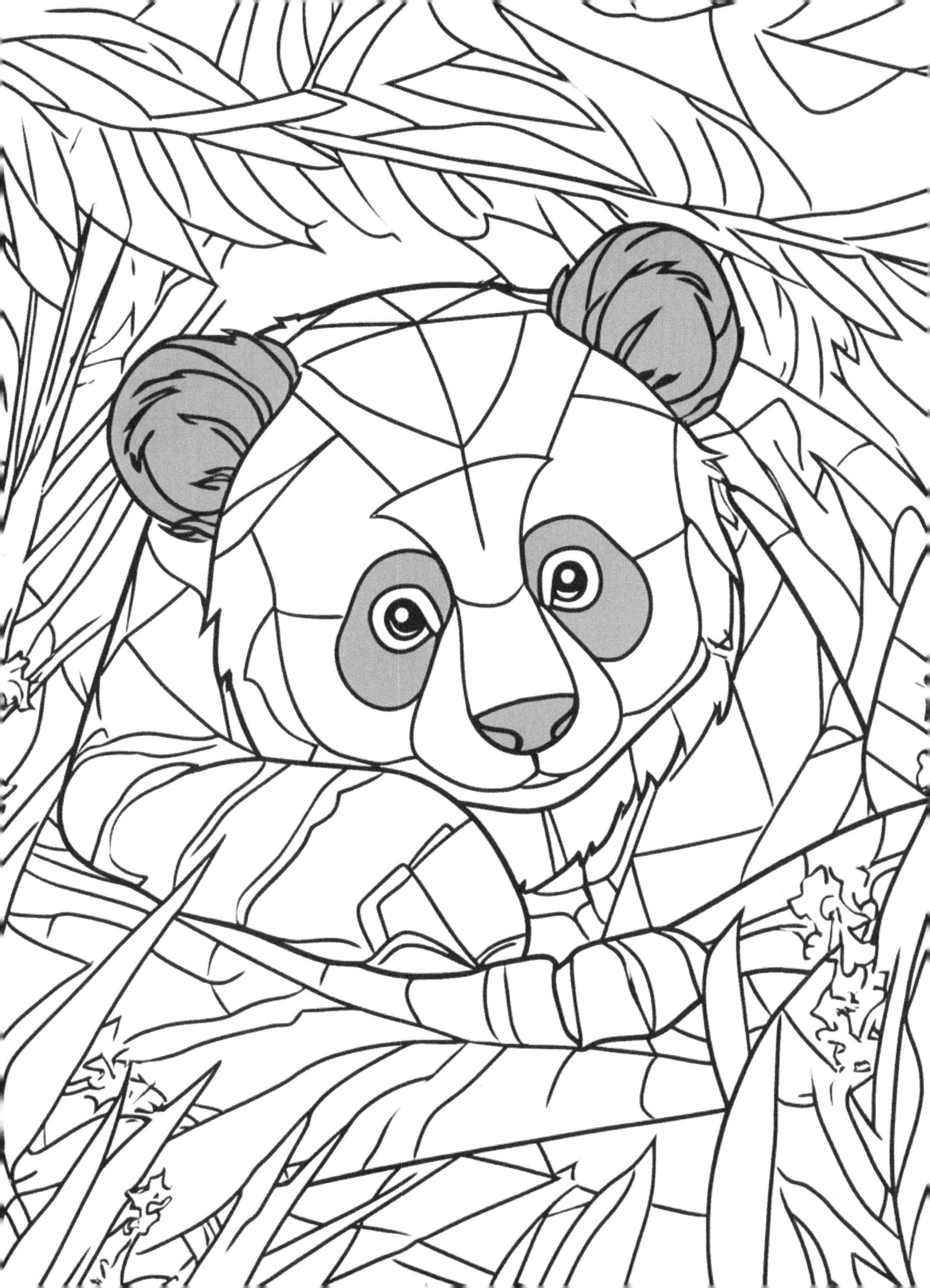

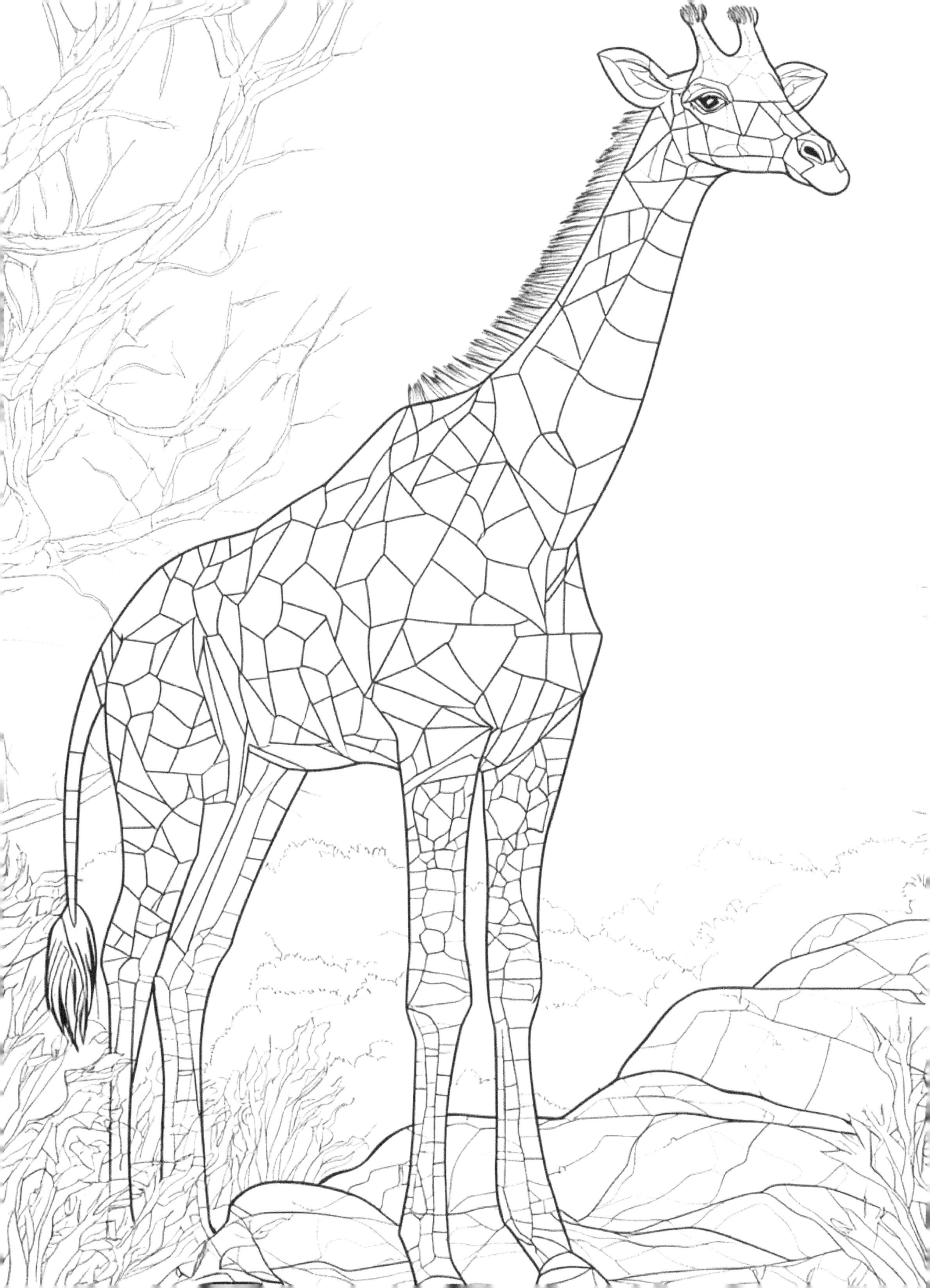

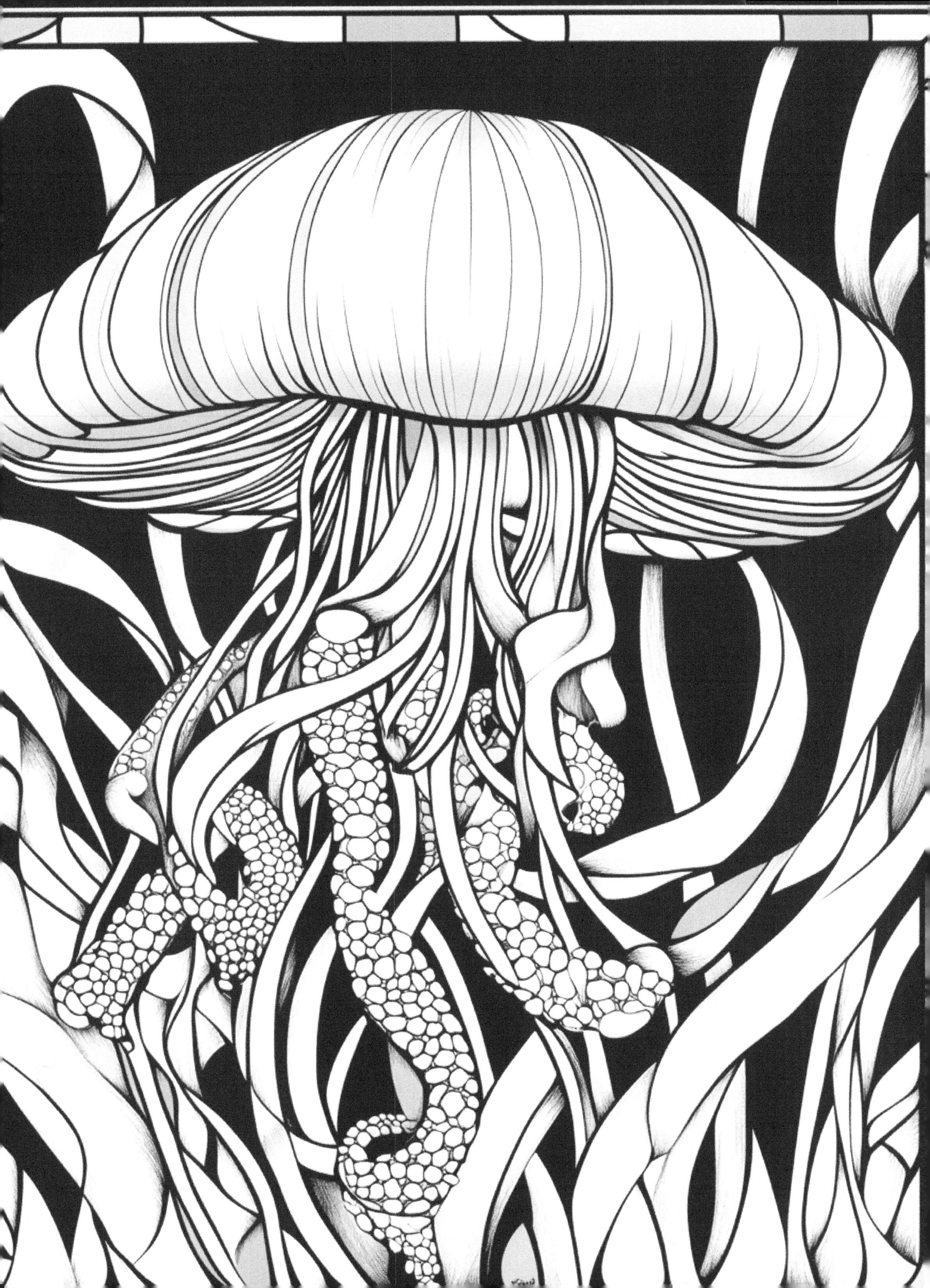

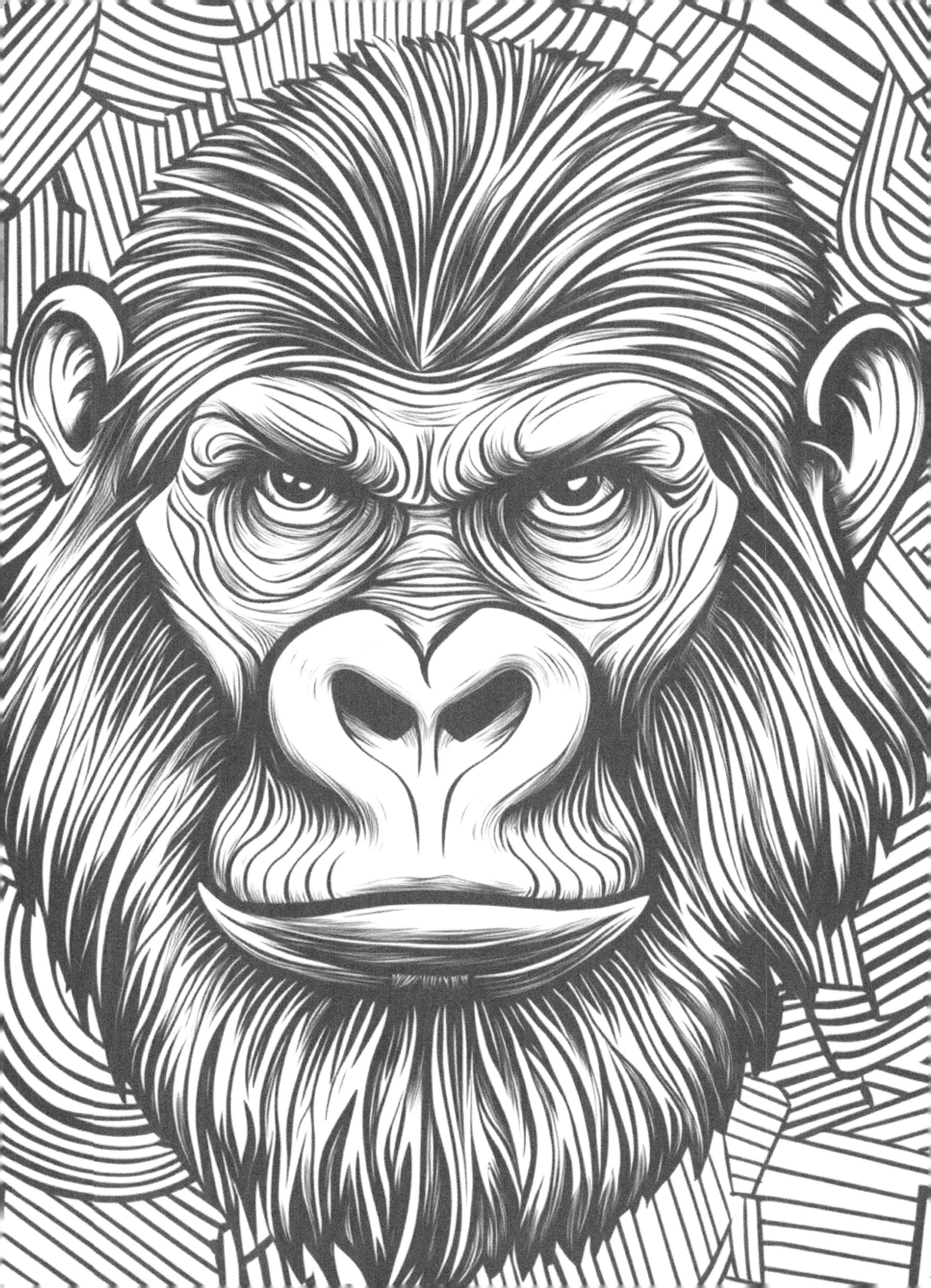

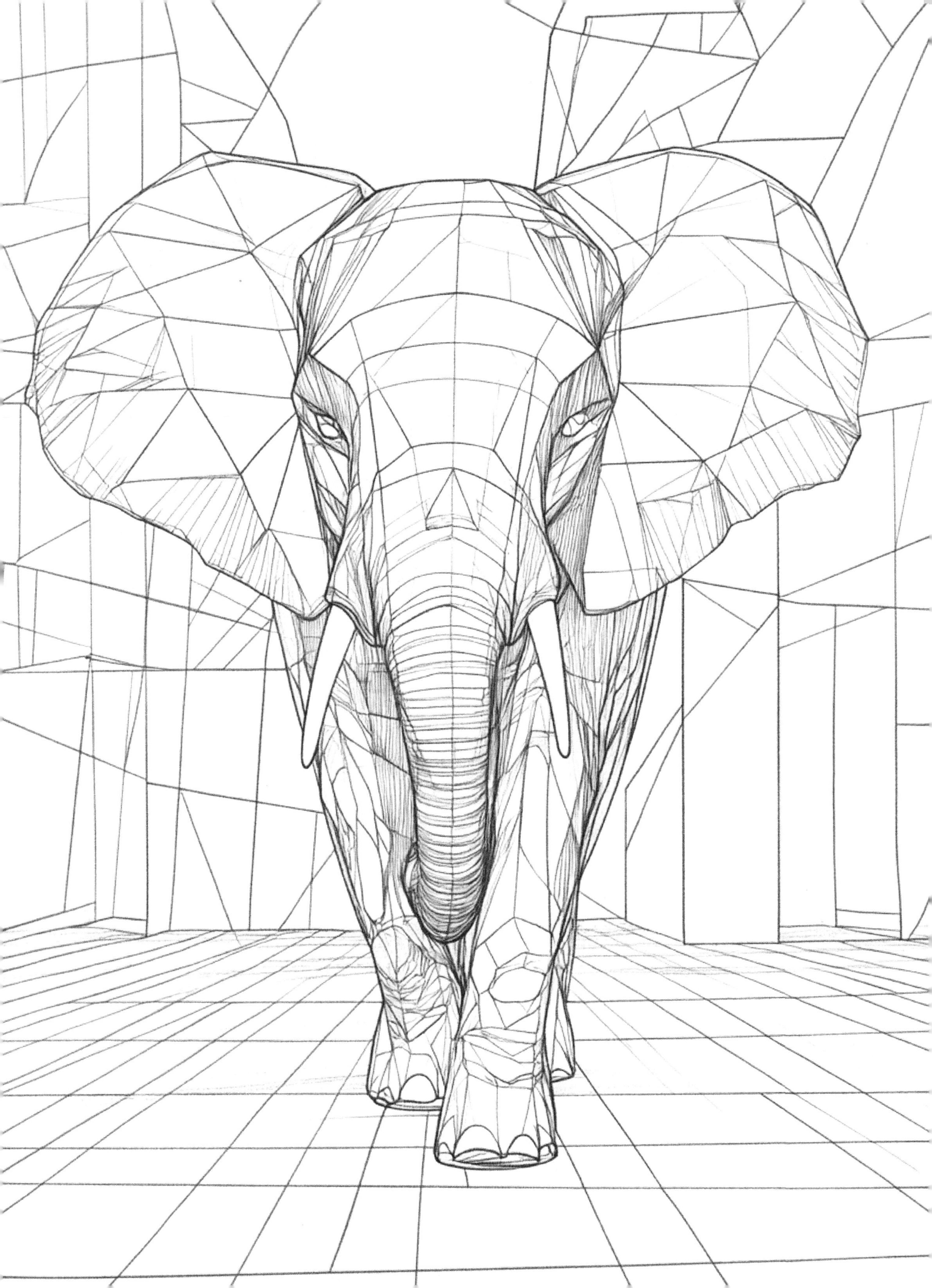

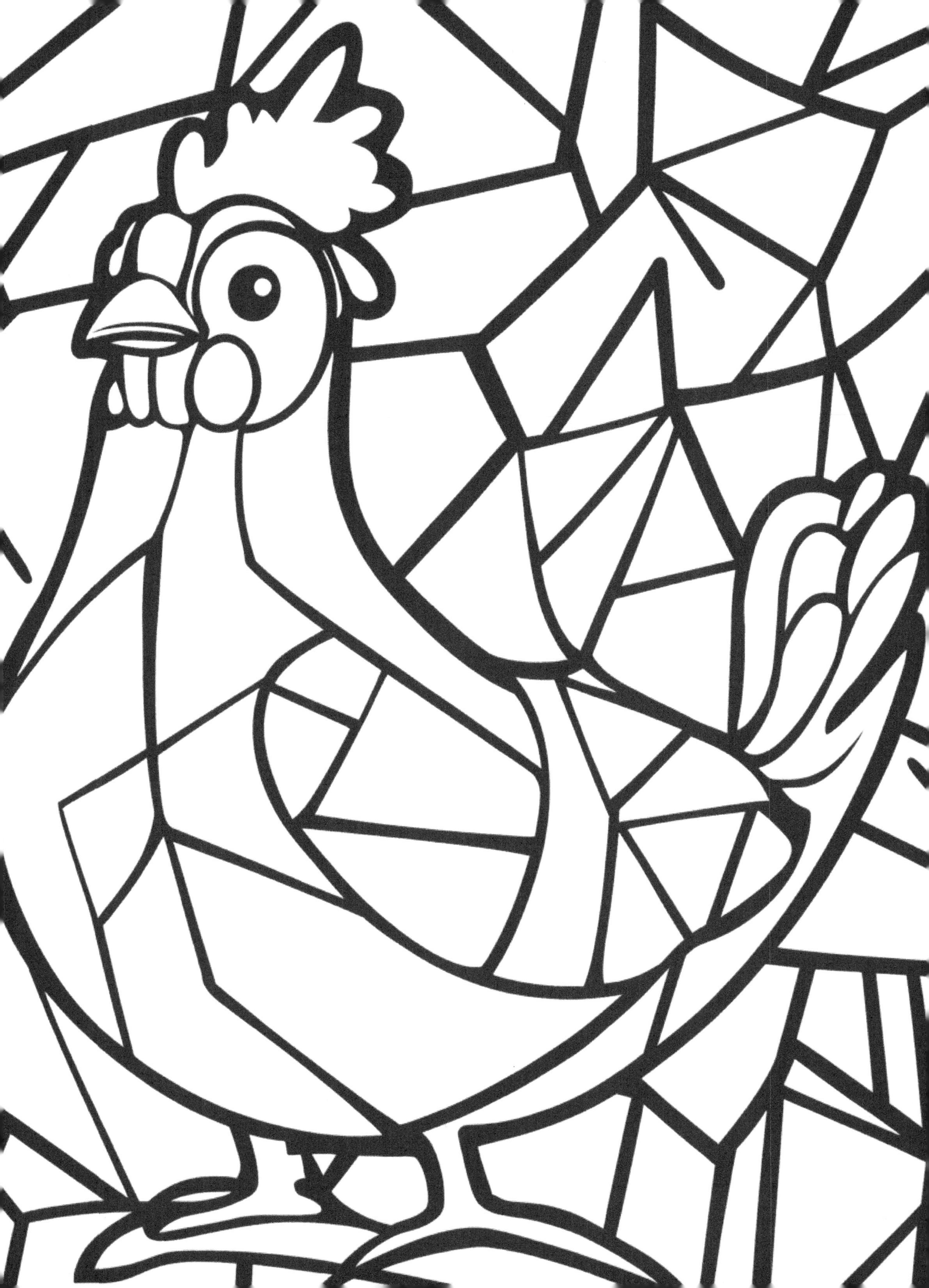

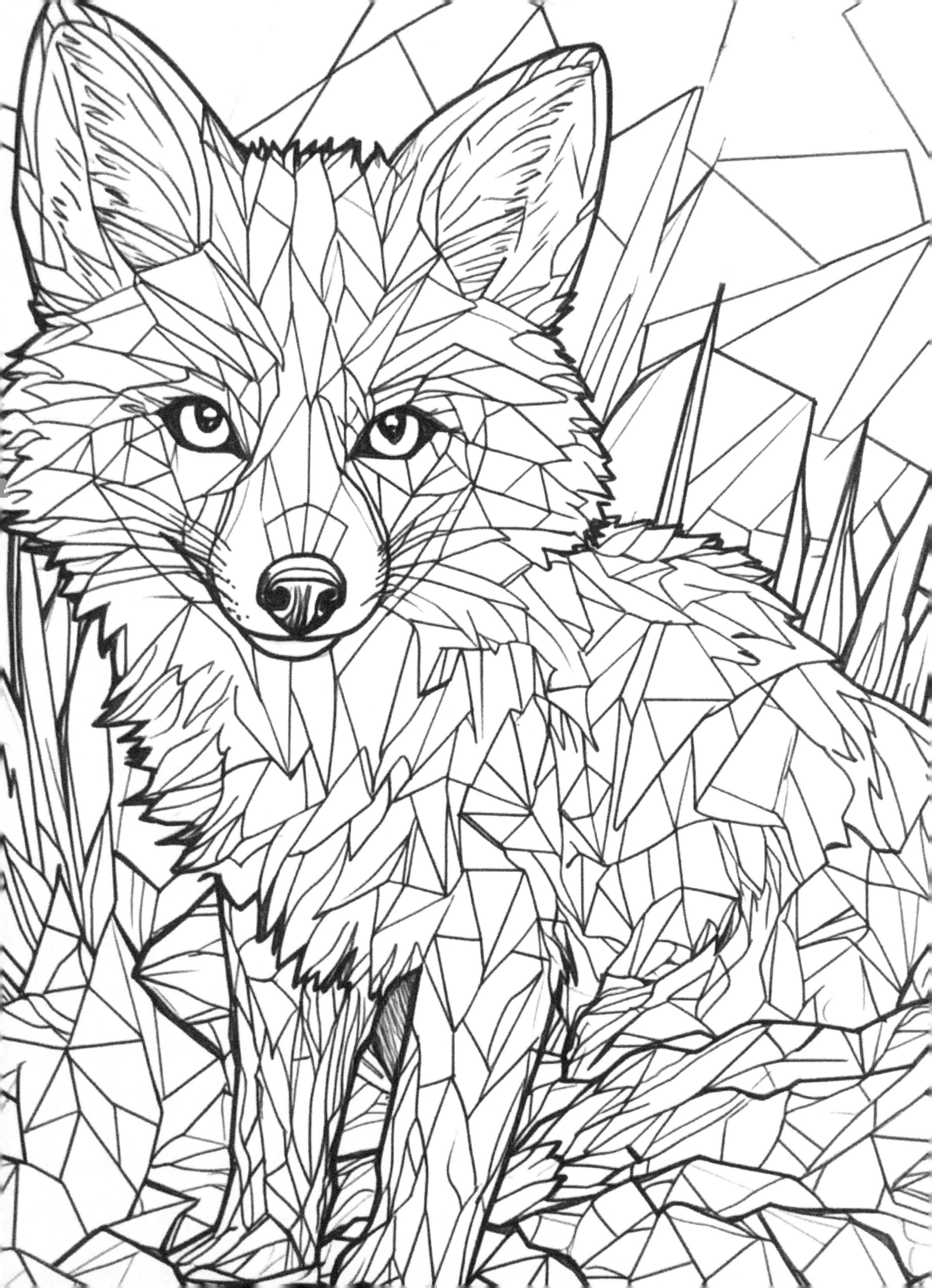

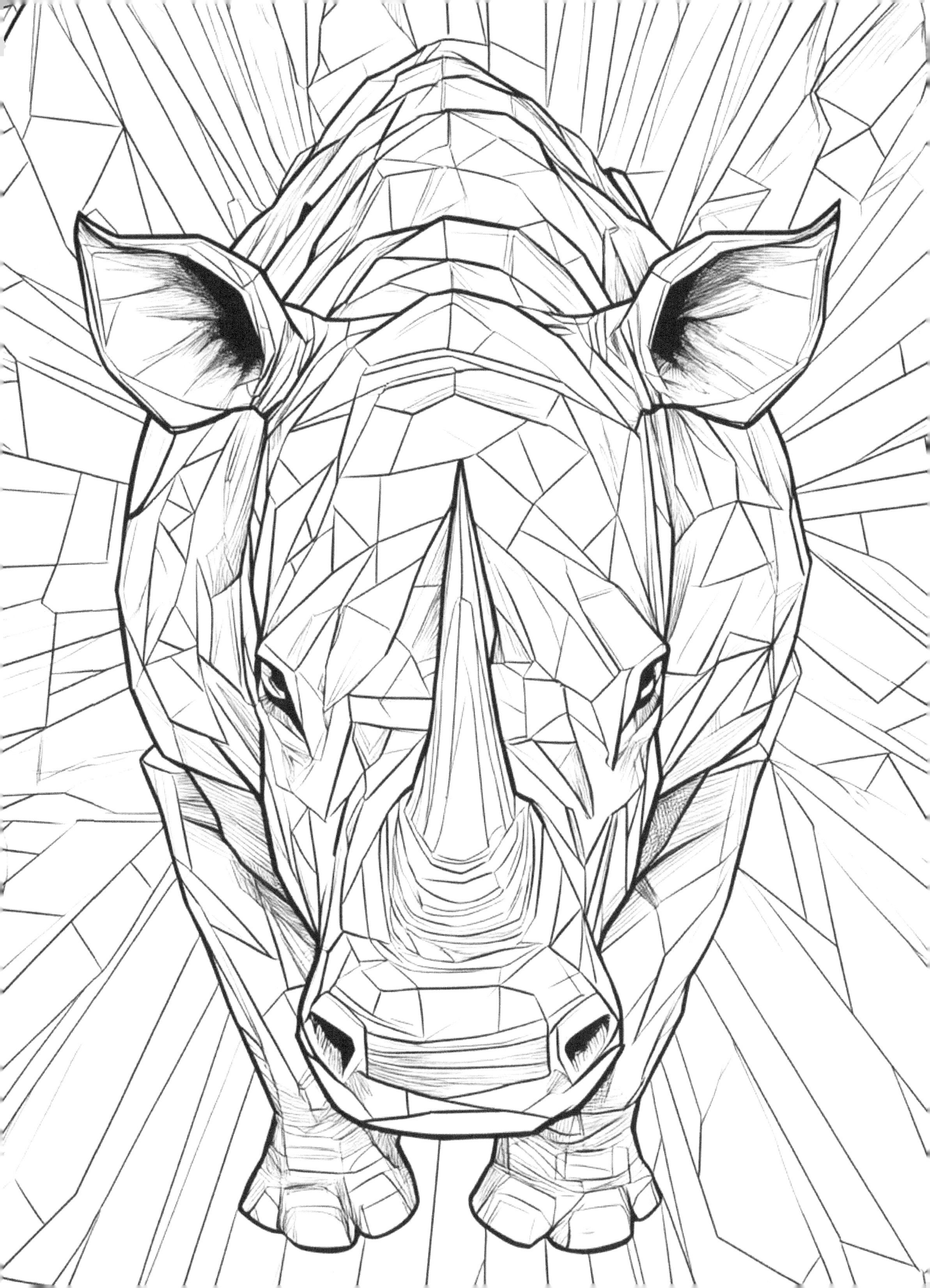

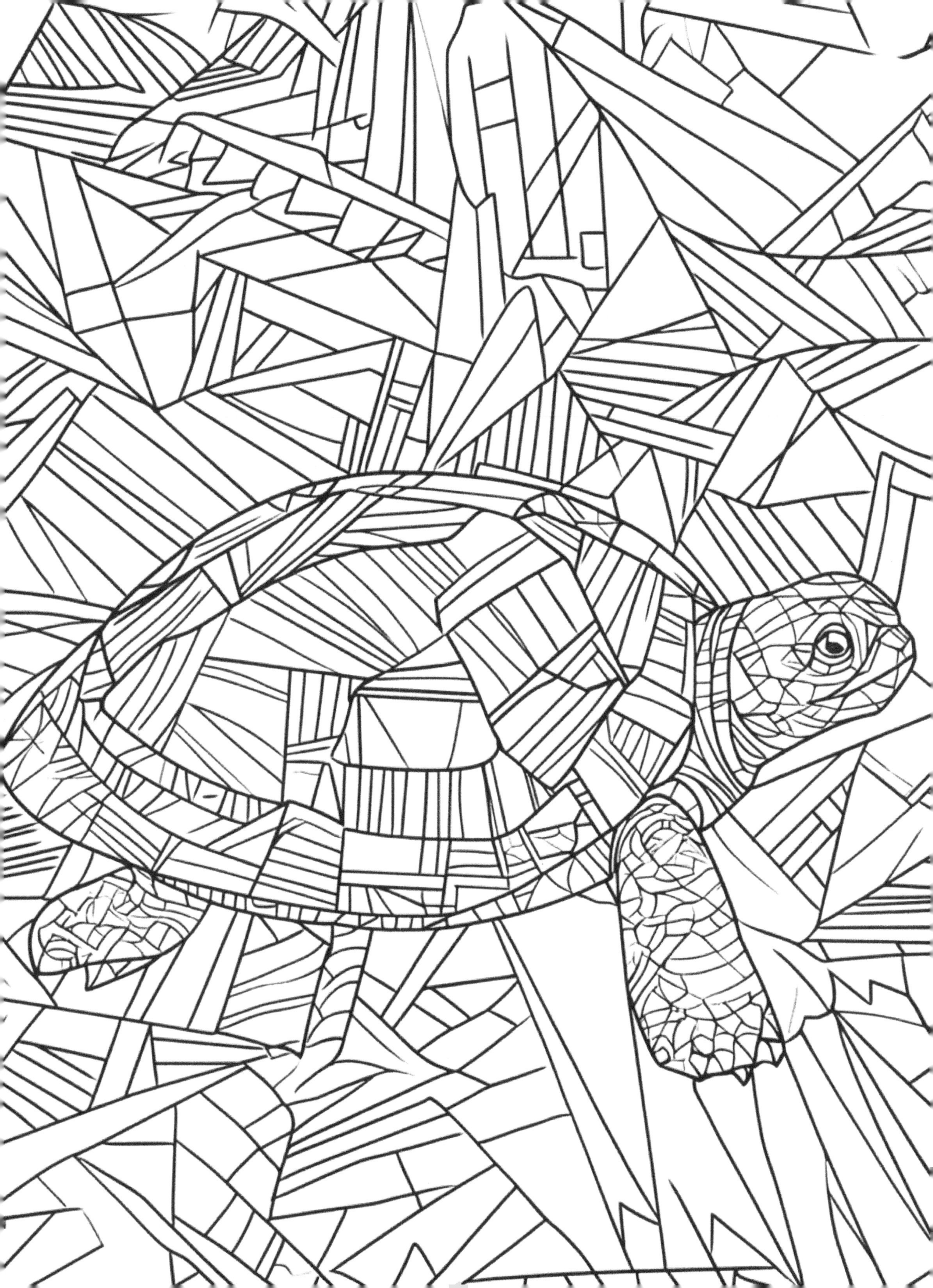

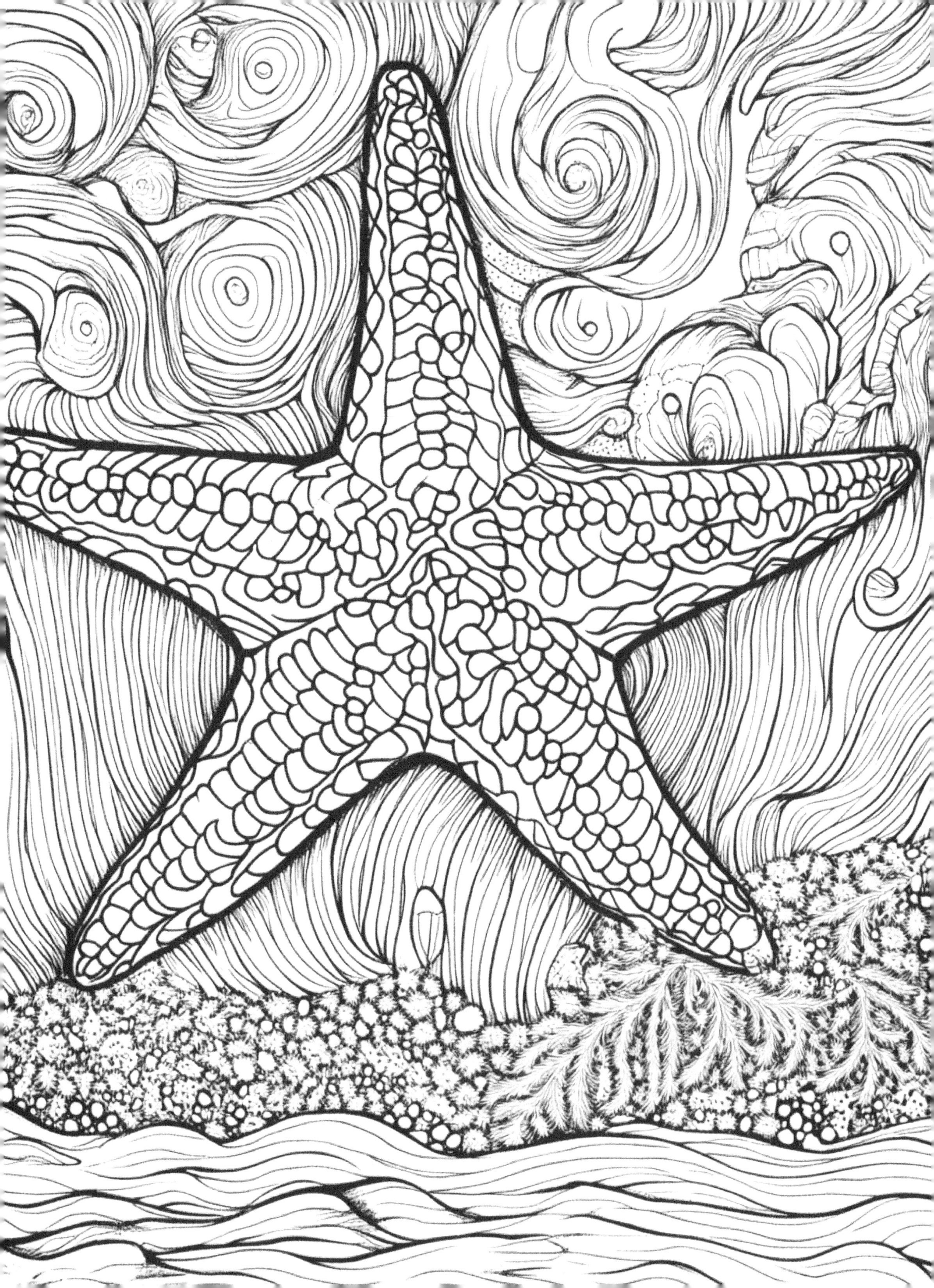

Made in the USA
Las Vegas, NV
02 December 2024

13197514R00046